Thorsten Krämer

Im Ungefähren

Erste Begehung

Tritt man vor die Tür, tritt man in fremde Zusammenhänge.
Es folgen Verstrickung, Unterwerfung, Tod.

Zweite Begehung

Du lernst dazu. Du wappnest dich. Auch in der Dämmerung setzt du die Schritte sicher und fest. Du kennst deine Wege, und wenn du von ihnen abweichst, lässt du es dir nicht anmerken. Dein Blick ist stets gerade nach vorn gerichtet. Was erkennst du dort?

Allein arbeitest du dich voran. Falls es Verbündete gibt, haben sie sich noch nicht zu erkennen gegeben. Die Wahrscheinlichkeit, dass es sie dennoch gibt, wird mit jedem Tag geringer.

Deine Feinde hingegen sind zahlreich und überall.

Die Szenerie liegt offen da. Die Oberflächen sind vielfältig; was sich hinter ihnen befindet, ist zweitrangig. Du musst schnell entscheiden, deine Reflexe sichern dein Überleben. Geheimnisse sind ein Luxus, den du dir nicht leisten kannst.

Du stellst Fragen, du verortest dich. Du bleibst in Bewegung, du behauptest dich. Es ist wie ein Spiel, bei dem die Regeln nicht ganz klar sind. Das eröffnet neue Räume, die du behandeln musst, als kenntest du sie schon lange. Du bleibst unter dem Radar.

Deine Tätigkeit ist ein Sondieren, Auskundschaften. Du erhebst die relevanten Daten, um Wahrscheinlichkeiten zu ermitteln. Hochrechnungen im Minutentakt, schon deine nächste Prognose könnte die letzte sein.

Am Tag folgst du dem Verlauf der Schatten. Ihr Muster ergibt deinen Weg, der sich stündlich verändert. Du behältst den Überblick. Du merkst dir alles. In deiner Handfläche liest du den Plan der Stadt ab.

Du bist deine eigene Kampfzone. Dein Arsenal an Waffen ist klein, aber effizient. Portabilität hat den Vorzug vor Durchschlagkraft. Es reicht, den Feind kurzzeitig zu irritieren, um zu entkommen. Jeder kann der Feind sein.

In der Nacht bleibt dir keine Zeit zu schlafen. Die Unruhe ist dein Freund, sie hält dich am Leben. Es ist still, nicht einmal deine

Schritte sind zu hören. Nur aus der Entfernung klingt leise Musik, eine täuschend echte Kulisse.

Du hast keinen Namen, du hinterlässt keine Spuren. Als Gespenst ziehst du umher, du kannst nicht sterben, aber du kannst auch nicht leben. Du bist immer auf der Hut.

Wann hat das alles angefangen? Du weißt es nicht mehr. Enden wird es mit dem Tod, so viel ist gewiß. Die Möglichkeit des Sieges ist nur noch eine Erinnerung, die schon bald verblassen wird.

Du lernst dazu. Du bist immer noch allein.

Rapport

In Georges Perecs Hauptwerk *Das Leben. Gebrauchsanweisung* steht ein fiktives Mietshaus in Paris im Mittelpunkt der Handlung. Die einzelnen Wohnungen und die Menschen, die darin leben, bilden einen Mikrokosmos, der in 99 Kapiteln sukzessive aufgefächert wird. Die deutsche Erstausgabe trägt die Gattungsbezeichnung „Romane“, und tatsächlich ist dieses Buch nicht nur *ein* Roman, sondern viele. Es lassen sich diverse Achsen schlagen und Linien ziehen, quer durch das Haus und die Zeit; so findet sich im Anhang auch freundlicherweise eine Übersicht über die enthaltenen Geschichten. Als Mitglied von OULIPO, der „Werkstatt für eine potentielle Literatur“, hat Perec sein Werk darüber hinaus nach strengen Regeln konstruiert; die Abfolge der Kapitel, die nicht notwendigerweise auch in dieser Reihe gelesen werden müssen, folgt etwa dem Rösselsprung. Solche formalen Auflagen engen die überbordende Fülle des Buches keineswegs ein, im Gegenteil, sie betonen vielmehr die Offenheit des Werkes, das damit als geradezu prototypischer Vertreter der literarischen Postmoderne auftritt. Und doch, so wie der Terminus der Post–moderne bereits einen Rückbezug enthält, so ist auch Perecs *Leben* noch der modernen Tradition verhaftet: Es ist als Werk losgelöst von seinem Autor, der schiere Umfang und die Ambition dahinter lassen es als Nachkomme etwa des *Ulysses* erscheinen. Wo Joyce sich auf einen einzigen Tag beschränkt, entscheidet sich Perec für ein einziges Gebäude. Die dezentrale Organisation des Buches ist letztlich das Werk eines *Masterminds*, eines Weltenerbauers, der selbst nicht in Erscheinung tritt – *pay no attention to the man behind the curtain*.

In einem anderen Text, der bereits drei Jahre vor der Erstveröffentlichung von *Leben* erschienen ist, tritt der Autor dagegen hinter dem Vorhang hervor. Der Titel des schmalen Bandes benennt genau, worum es geht: *Versuch, einen Platz in Paris zu erfassen*. Drei Tage lang, vom 18. bis zum 20. Oktober 1974 bezieht Georges Perec jeweils Stellung in verschiedenen Cafés an der Place Saint-Sulpice. Jeden Tag notiert er genau, was er wahrnimmt. Der Text beginnt mit Aufzählungen und Listen, aber schon nach kurzer Zeit schieben sich Reflexionen über das Notieren selbst dazwischen, verändert die Wahrnehmung den, der wahrnimmt. Dabei ist Perec eindeutig Perec, zwischendurch begegnet ihm beispielsweise ein Bekannter, den er auch namentlich benennt. Doch damit nicht genug. Am zweiten Tag schreibt der Mann im Café:

„Ich trinke ein Vittel, während ich gestern einen Kaffee getrunken habe (inwiefern verändert das den Platz?)“

Die Ernsthaftigkeit, mit der die in Klammern gesetzte Frage vorgebracht wird, hat auf den ersten Blick etwas Rührendes, als schimmerte hier plötzlich ein kindliches magisches Denken hervor. Wird der Platz ein anderer, wenn der, der ihn beschreibt, sein Verhalten ändert?

Die Physik des 20. Jahrhunderts kennt dieses Problem; Schrödingers Katze ist die gängige Metapher für den Beobachter, der bereits allein durch sein Beobachten in das Experiment eingreift. Gemeinhin wird dieses Problem allerdings als so allgemein verstanden, dass es keine Rolle spielt, *wer* der Beobachter ist.

Genau um diese Ebene erweitert Perec aber in seinem Text die Fragestellung. Es ist Perec und kein anderer, der da sitzt und schreibt – nicht jeder hätte denselben Wankelmut in Getränkefragen wie er. Es geht nicht mehr um die bloße Existenz eines Beobachters, sondern um dessen spezifische Beschaffenheit, kurz: Der Beobachter wird zum Subjekt.

Der Zusammenhang zwischen Beobachtung und Subjekt ist historisch besonders eindrücklich in der Figur des Flaneurs thematisiert worden, wenn auch mit anderen Vorzeichen: In den entsprechenden Texten des ausgehenden 19. und frühen 20. Jahrhunderts wird das Subjekt erst durch seine Beobachtungen zum Subjekt. Der Flaneur alter Schule, wie etwa Rilkes *Malte Laurids Brigge*, benutzt die Stadt als Stichwortgeber, sein Organismus reagiert auf die Stimuli, die ihm auf seinen Wegen begegnen. In seinem Innern befindet sich ein Resonanzraum, in dem alles Äußerliche eine innerliche Entsprechung zum Klingen bringt. Gleichzeitig wird durch diese Operation die Stadt selbst zu einem entäußerten Organ.

Die Lektüre dieser kanonischen Texte wiederholt dieselbe Operation, nur erfüllt jetzt der Text die Rolle der Stadt, er ist das Äußere, das immer schon Teil des Inneren ist. Der Leser erfährt sich dabei im gleichen Maße als Einzelner, wie es der Flaneur tut. Daher das eigentümliche Paradox dieser Literatur: Obwohl der Leser ja beispielhaft vor Augen geführt bekommt, dass er nicht allein ist mit seiner Sicht auf die Welt, vertieft die Lektüre noch das Gefühl der Einsamkeit, das dann häufig nur durch romantische Überhöhung noch zu ertragen ist.

Wie verhält es sich aber nun mit dem Anti-Flaneur Perec, der nicht durch die Straßen zieht, sondern am Cafétisch die Stellung hält? Die Lektüre bietet keinerlei Anlass zu Weltschmerz und Verlorenheit, im Gegenteil: Eine Leichtigkeit und Heiterkeit zieht sich durch diese wenigen Seiten voller Aufzählungen, kleiner Beobachtungen und Reflexionen. Ganz beiläufig vollzieht dieser Text seinen Bruch mit der Tradition. Das schreibende Ich, das den Namen Georges Perec trägt, unterläuft die dialektische Dynamik von Innen und Außen, es ist selbst Teil einer Welt, in der es keinen archimedischen Punkt mehr gibt. Für den Leser bedeutet dies: „Das Ich, von dem ich lese, bin niemals ich. Aber ich könnte das Ich eines anderen, von mir noch zu schreibenden Textes sein." Gerade die Nicht-Identifikation stellt eine Verbindung her, die projektiv auch auf andere Zusammenhänge hin hergestellt werden kann. Anstatt mich staunend durch die Weltengebilde eines anderen zu bewegen, werde ich mir als Teil meiner eigenen Welt kenntlich.

Un-Unübersichtlichkeit

Ich bin mir mittlerweile nicht mehr so sicher, ob es den Neoliberalismus überhaupt gibt. Aber angenommen, es gäbe ihn, dann wäre es vielleicht fruchtbar, einen bislang wenig beachteten Zusammenhang in den Blick zu nehmen: Die 80er Jahre des vergangenen Jahrhunderts sind nicht nur als die Zeit von *Reaganomics* und *Thatcherism* in die Geschichte eingegangen, sondern bilden auch das goldene Jahrzehnt der Chaosforschung – 1980 veröffentlicht Benoît Mandelbrot in einer Fachzeitschrift den Aufsatz, der die später nach ihm benannte Mandelbrot-Menge vorstellt. In der Folge treten Apfelmännchen, Fraktale und Schmetterlingseffekt ihren Siegeszug um die Welt an.

Die bloße zeitliche Korrelation muss noch keinen inneren Zusammenhang bedeuten, aber es lässt sich leicht zeigen, dass beispielsweise Globalisierung und Schmetterlingseffekt in einem eigentümlichen Spannungsverhältnis stehen: In dem Maße, in dem die Welt zusammenrückt, wird sie auch unvorhersehbarer. Während das Bild vom *global village* schnell an ein Idyll denken lässt (auch wenn der Begriff von seinem Schöpfer Marshall McLuhan anders, nämlich kritisch intendiert war), in dem eine Verbindlichkeit herrscht, die man aus überschaubaren Gesellschaften kennt, torpediert der Schmetterlingseffekt genau diese Vorstellung – es gibt keine Gewissheit mehr über den Zusammenhang von Ursache und Wirkung, was früher oder später zu einer ethischen Erosion führt. Denn wer vermag noch zu sagen, was richtig oder falsch ist, wenn prinzipiell jedes Handeln zu jedem Ergebnis führen kann?

Gegen Ende der 80er Jahre beginnt dann der Aktienhandel sich von der realen Wirtschaft immer mehr abzulösen – möglich wird dies durch eine fortschreitende Computerisierung der Börsen, bei der Programme, die ursprünglich das chaotische Wetterverhalten simulieren sollten, nun auch das Auf und Ab der Kurse berechnen und nach Möglichkeit vorhersagen. *Fuzzy logic* erweist sich als geeignetes Instrument, um den globalen Geldfluss noch einigermaßen im Griff zu halten – zumindest für eine Weile, bis die Systeme des *Real Time Tradings* schließlich kollabieren. Eine auch nach der letzten Bankenkrise noch immer gültige Lehre aus dieser Zeit: Die größten Gewinne lassen sich gerade dort erzielen, wo auf besonders unwahrscheinliche Ereignisse gewettet wird – die Theorie des Schwarzen Schwans, eine elegante Abwandlung des Schmetterlingseffekts.

Diese Engführung soll verdeutlichen, dass für das, was wir Neoliberalismus nennen, ein gewisses Maß an Unübersichtlichkeit konstitutiv ist; zugespitzt ließe sich sagen: Das Ungefähre ist die eigentliche Domäne des Neoliberalismus. Unübersichtlichkeit ermöglicht in diesem Kontext dreierlei: sie suspendiert das Ethische, sie schafft die so heiß begehrten *opportunities* und sie macht es geradezu unmöglich, Widerstand zu üben – denn gegen wen sollte sich dieser Widerstand richten?

Geradezu archaisch wirkten auf mich die Reaktionen auf den Tod Margaret Thatchers im April 2013. Vielleicht ein letztes Mal funktionierte in diesem Moment die Freund-Feind-Kennung, was der demonstrativ ausgestellten Freude über diesen Tod fast schon etwas Verzweifeltes verlieh. Denn eigentlich wissen es alle: Die klaren Fronten, sie kommen nicht wieder.

Das, was wir Neoliberalismus nennen, ist die Schwundstufe einer Ideologie, die nicht mehr inhaltlich oder personell, sondern nur noch operativ definiert werden kann. Das erzeugt eine Leerstelle, die für die meisten Menschen nur schwer auszuhalten ist. Verschwörungstheorien etwa sind die auf Dauer gestellten Übersprungshandlungen, die aus der Irritation entstehen, kein Gegenüber zu haben, gegen das die eigene Wut gerichtet werden könnte. Das Problem dabei: Verschwörungstheorien wollen fixieren, was nicht zu fixieren ist, und indem sie auf dieses Fixieren fixiert sind, stärken sie das, was sie schwächen wollen, weil sie es immerzu verfehlen. Diese Situation entsteht immer dort, wo postmoderne Phänomene mit modernen Strukturen erfasst werden sollen. Anders gesagt: Die Verschwörungstheorie beschwört noch einmal eine Metaerzählung, obwohl es diese längst nicht mehr gibt.

Stringenter ist dagegen die Strategie von *Anonymous* – hier wird dem gesichtslosen Feind ein ebenfalls gesichtsloser Kämpfer entgegengestellt. Wie Feuer mit Feuer, wird auf diese Weise Unübersichtlichkeit mit Unübersichtlichkeit bekämpft. Der Vorteil: Jeder kann *Anonymous* sein, es gibt keine Kriterien, die über die Zugehörigkeit entscheiden, im besten Fall entsteht so eine vielköpfige Medusa, die nur schwer zu bekämpfen ist. Genau darin liegt freilich auch das große Problem: Die amorphe Struktur korreliert mit einer diffusen politischen Positionierung; da niemand vollmächtig *im Namen* von *Anonymous* sprechen kann, kann dieses Label prinzipiell auch jedem Ziel angeheftet werden.

Ich plädiere an dieser Stelle aber nun für einen anderen Weg, für den es einen neuen Begriff braucht: Un-Unübersichtlichkeit. Damit ist eine Konstellation gemeint, die weder übersichtlich noch unübersichtlich ist, oder anders gesagt: die im gleichen Maße übersichtlich wie unübersichtlich ist. Sie ist von *genau einem* Punkt aus übersichtlich, und sie ist unübersichtlich, weil dieser Punkt nur von *genau einem* Menschen eingenommen werden kann. Dieser Punkt ist selbstverständlich der einer radikalen Subjektivität.

Noch einmal zu Margaret Thatcher: Ihr berüchtigter Ausspruch, es gäbe keine Gesellschaft, muss vielleicht wörtlich genommen, um entwaffnet zu werden. Denn wer heute an die Gesellschaft appelliert, kann, wenn er ehrlich ist, selbst nicht genau sagen, wen er damit eigentlich meint: Insofern unsere Gesellschaft neoliberal ist, gibt es sie genauso wenig wie den Neoliberalismus.

Wenn nun aber als Gegenpol zur Unübersichtlichkeit der Gesellschaft nicht mehr nur die Übersichtlichkeit des namenlosen Einzelkämpfers zur Verfügung stünde, sondern auch die Un-Unübersichtlichkeit einer radikalen Subjektivität, dann wäre damit viel gewonnen.

Un-Unübersichtlichkeit, wie ich sie verstehe, bietet sich nicht dar, sondern muss hergestellt werden, indem das Subjekt eine temporäre Ordnung etabliert, deren Parameter es selbst zur Verfügung stellt. Die grundsätzliche Verhandelbarkeit dieser Ordnung ist ihre Stärke, und verhandelbar wird sie in dem Moment, in dem sie eine eindeutige Signatur bekommt – einen Namen, einen Körper, ein Gesicht –, zu der ich mich dann wiederum verhalten kann. Eine äußerst komplexe Operation, so scheint es – doch mitunter reicht dazu schon ein Spaziergang.

Arne Schmitt

Die neue Ungleichheit

Köln, 2014

1 Denkmal
Chemische Fabrik Kalk
Kalker Hauptstraße

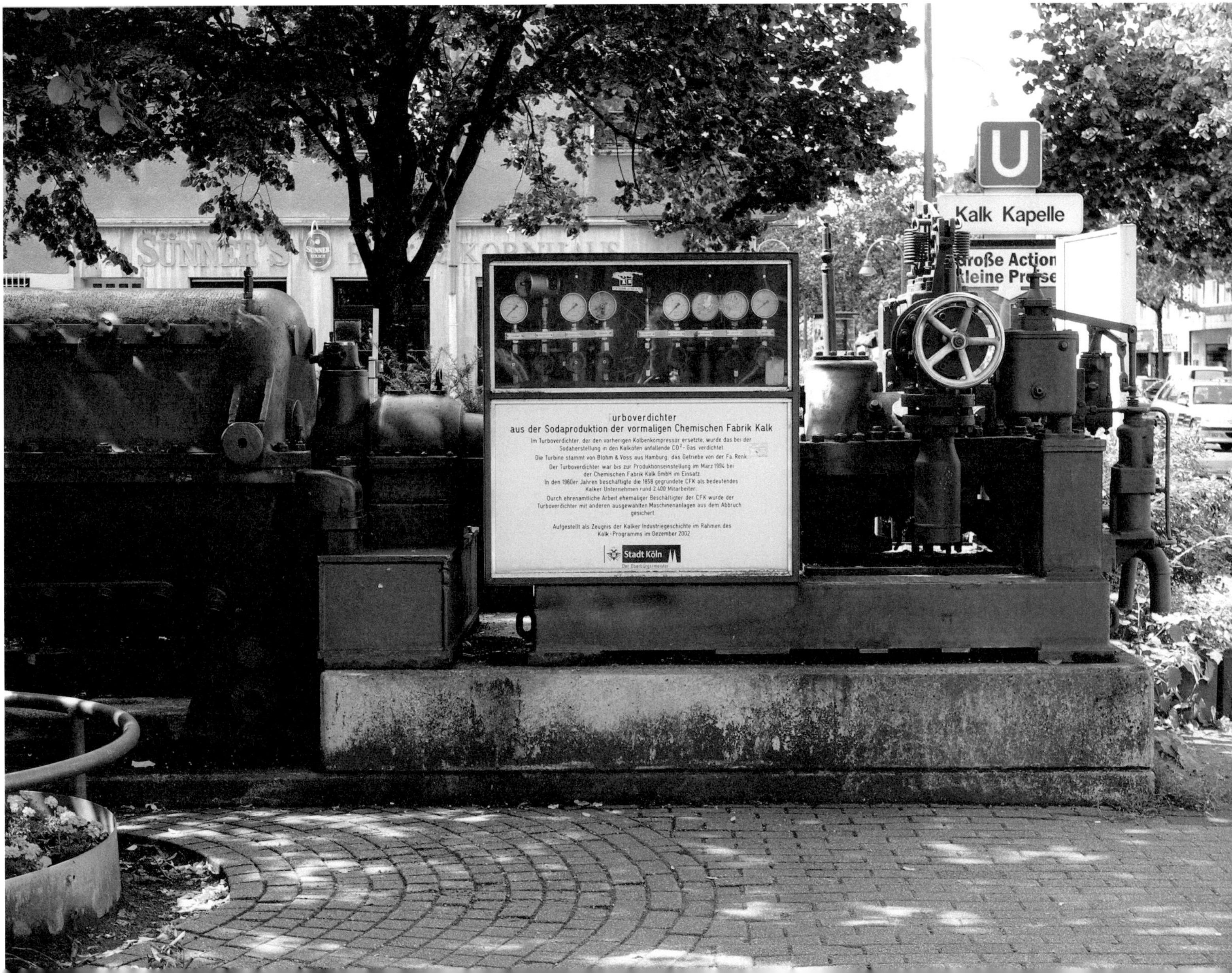

2 Öffentlicher Verwaltungsbau
Bezirksrathaus Kalk
Kalker Hauptstraße

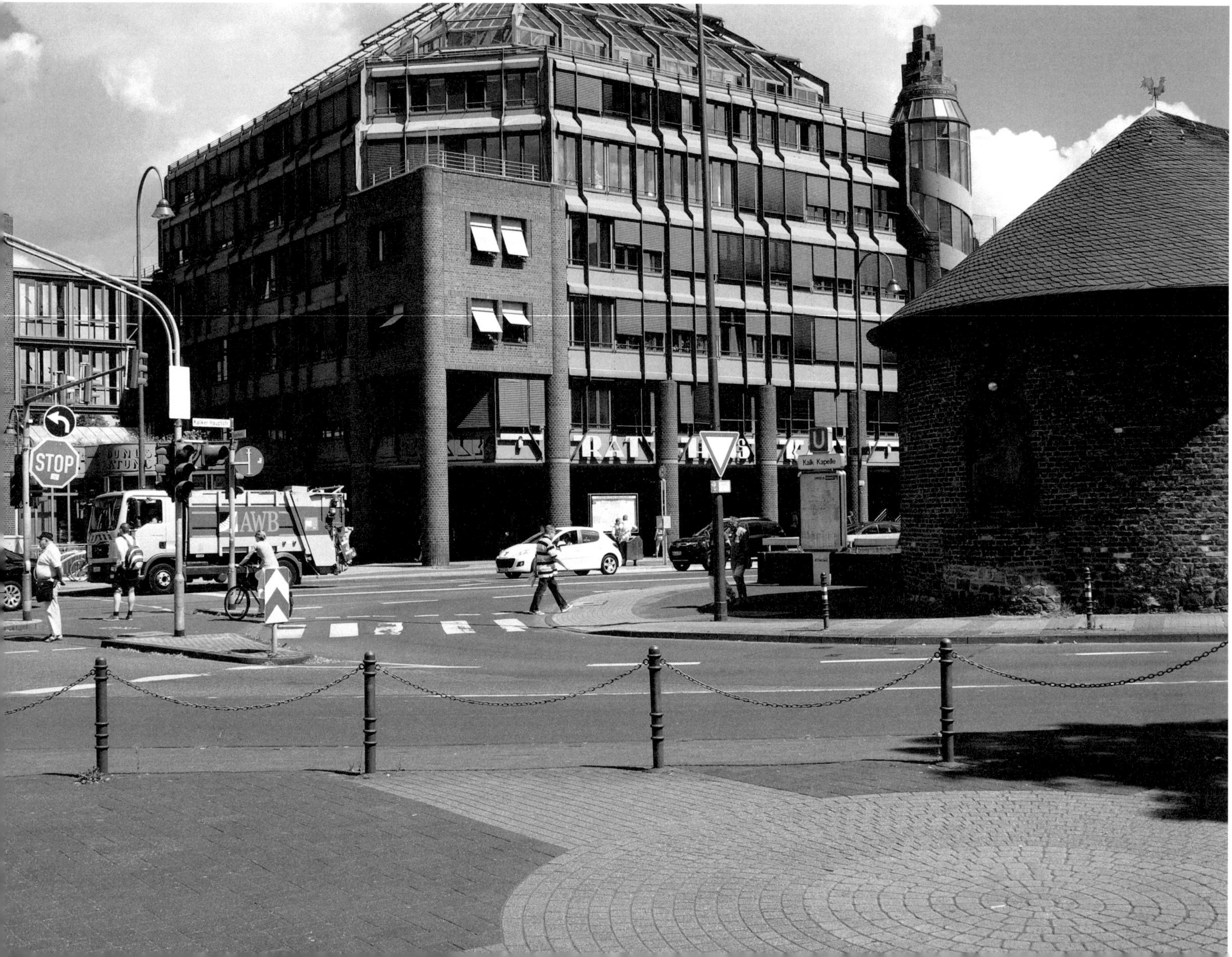

3 Öffentlicher Verwaltungsbau
Bezirksrathaus Kalk
Kalker Hauptstraße

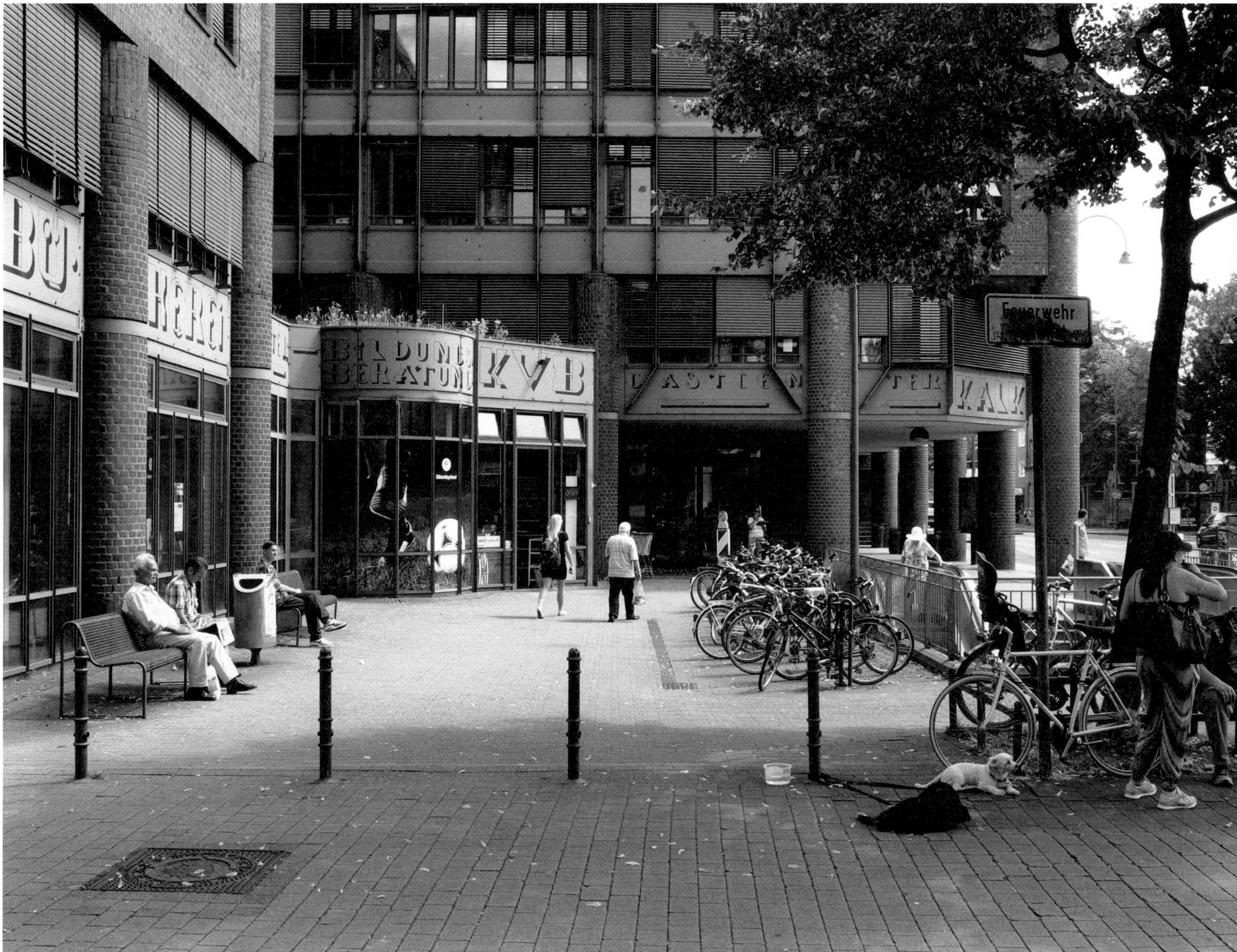

4 Kaufhaus
Leerstand
Kalker Hauptstraße

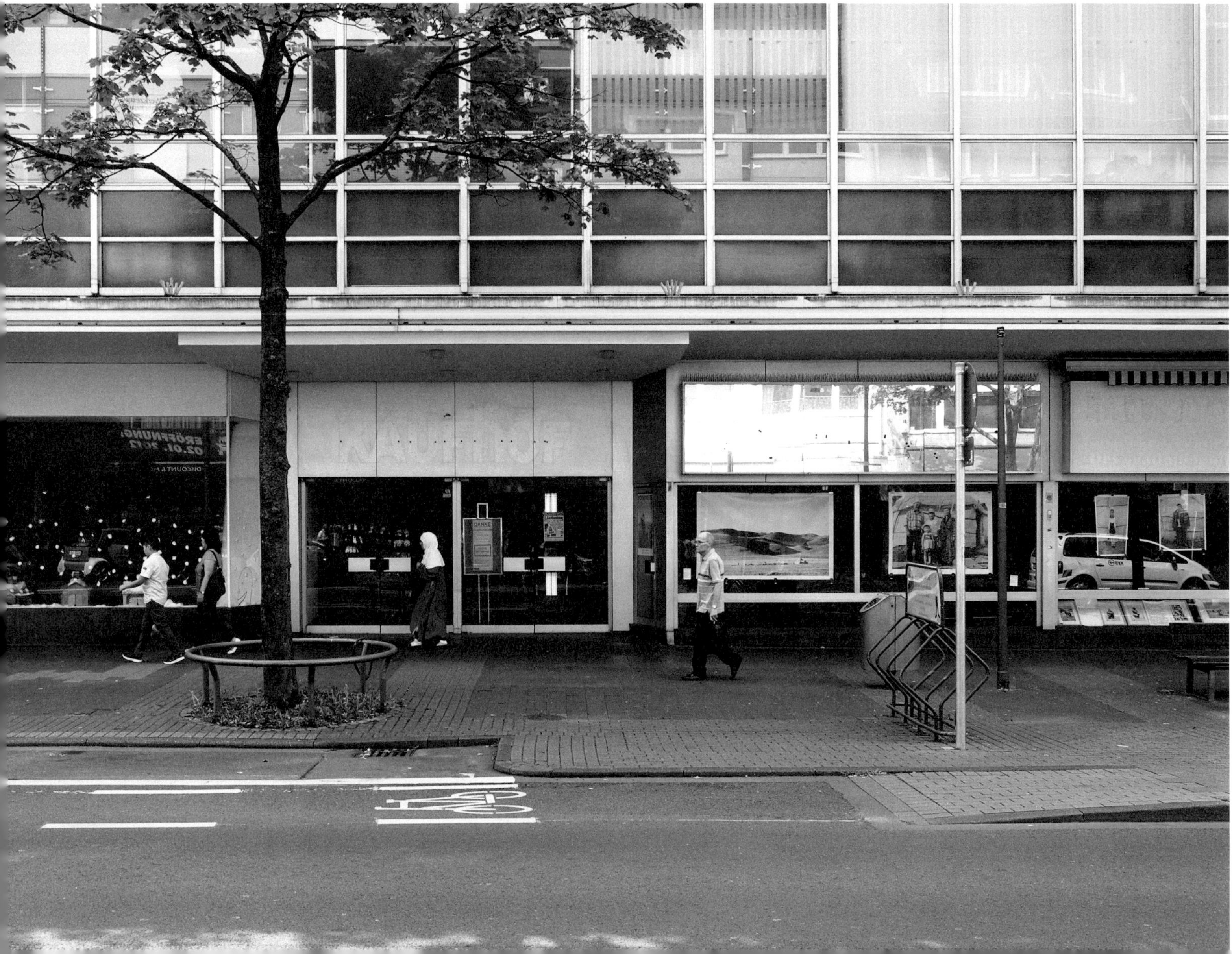

5 Krankenhaus
Evang. Krankenhaus Kalk
Buchforster Straße

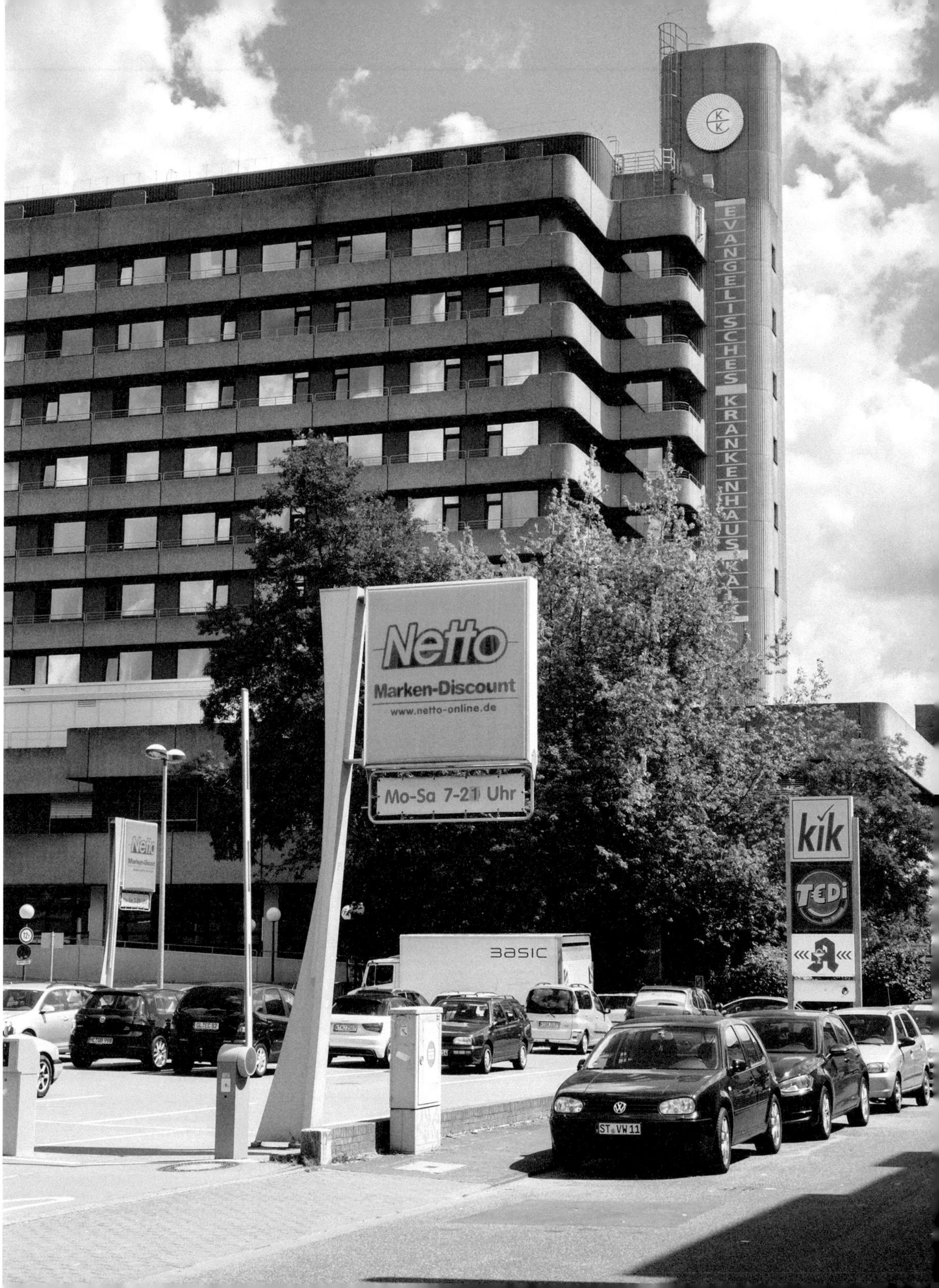

6 Industriebau
Gewerbepark
Wipperfürther Straße

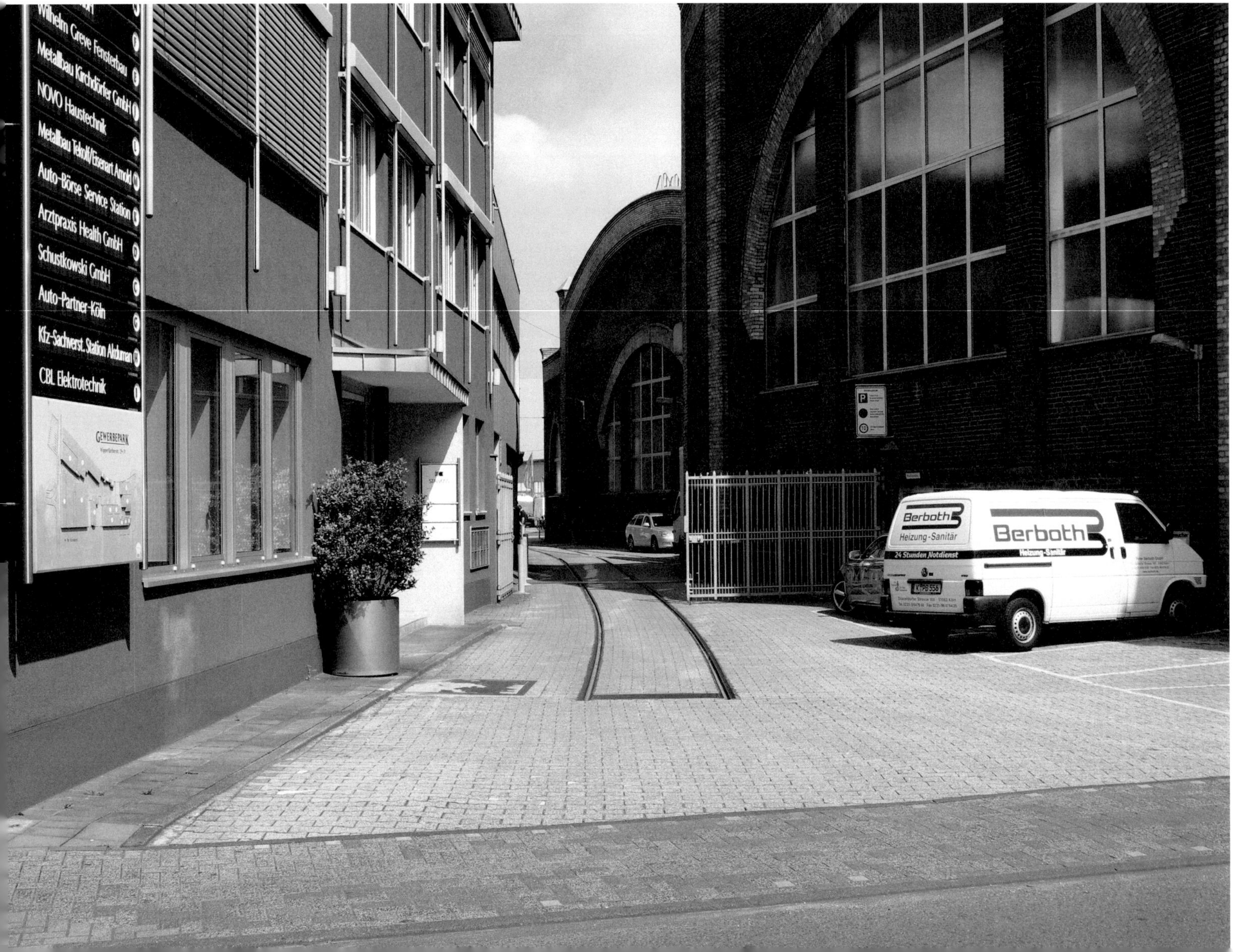

7 Gewerbebau
McFit
Wipperfürther Straße

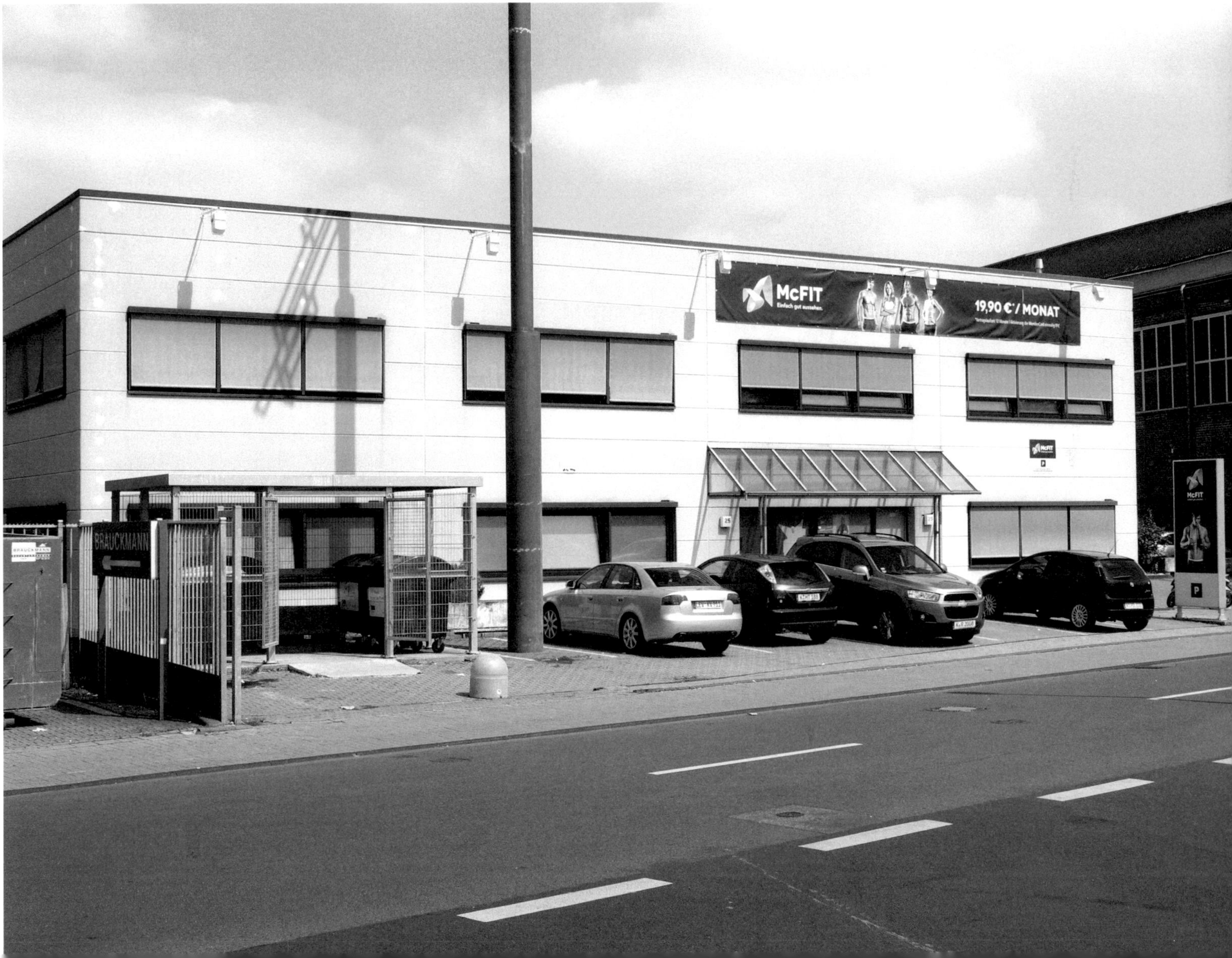

8 Gewerbebau
Bauhaus
Wipperfürther Straße

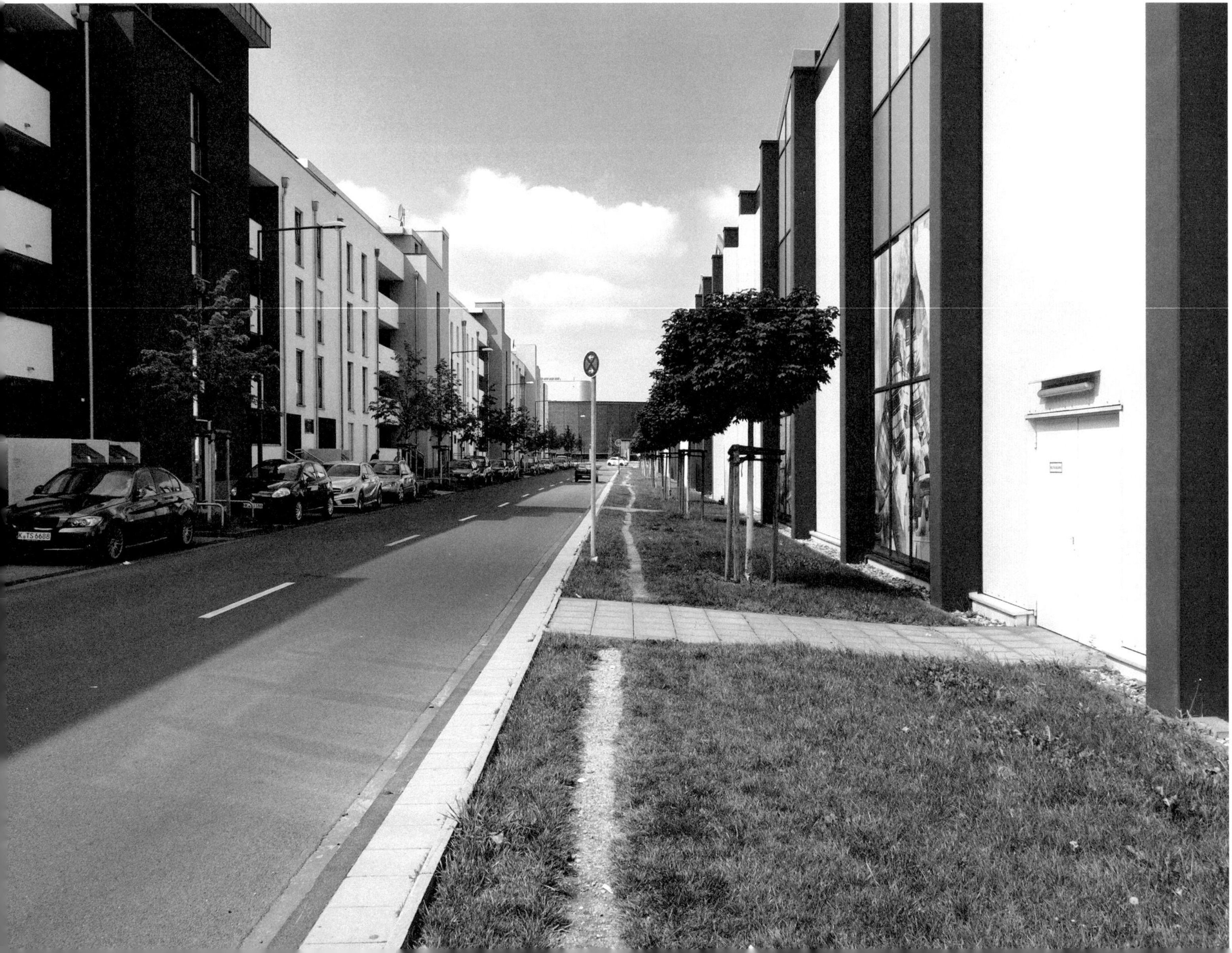

9 Sendemast
Vodafone D2
Wipperfürther Straße

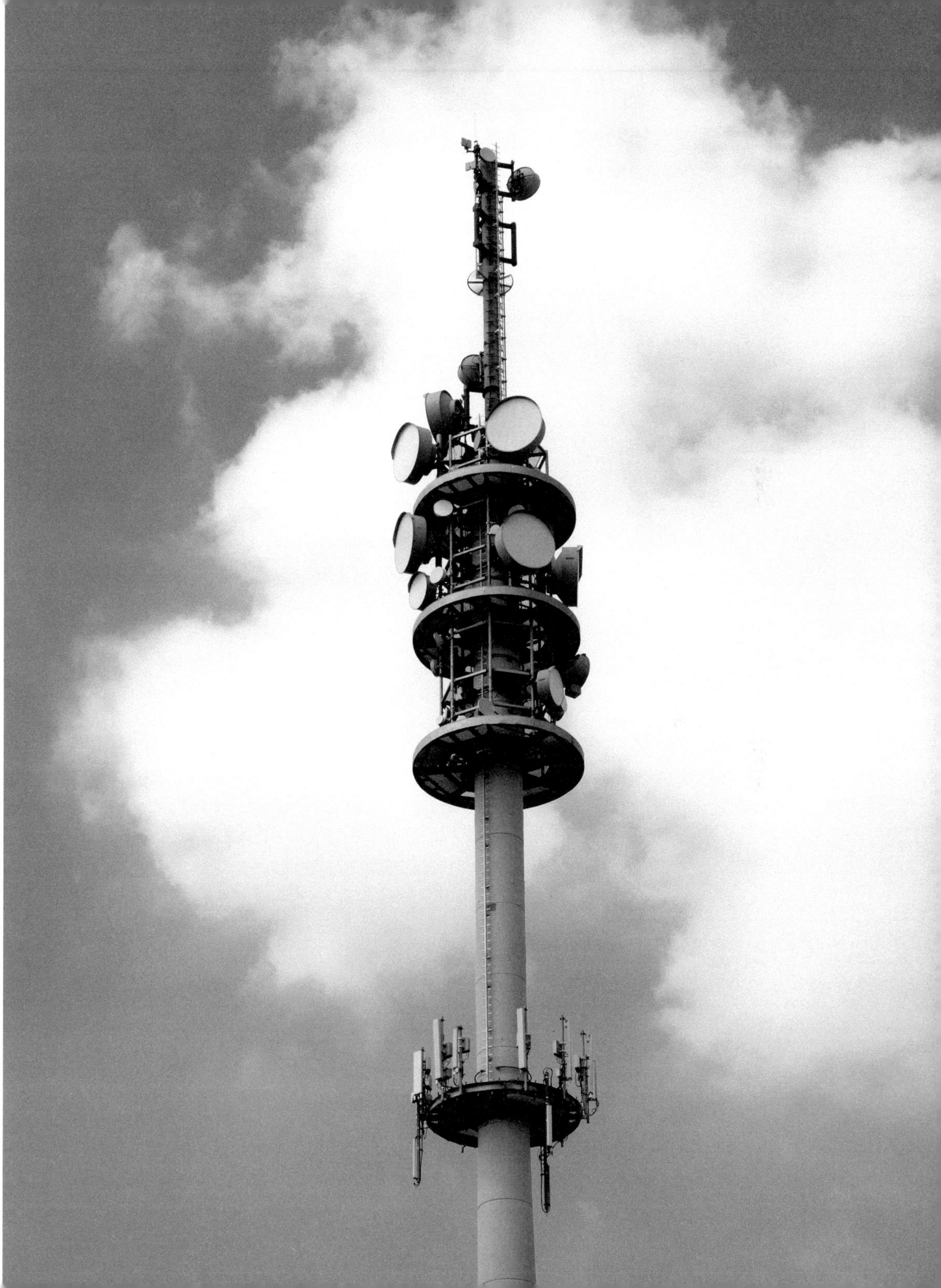

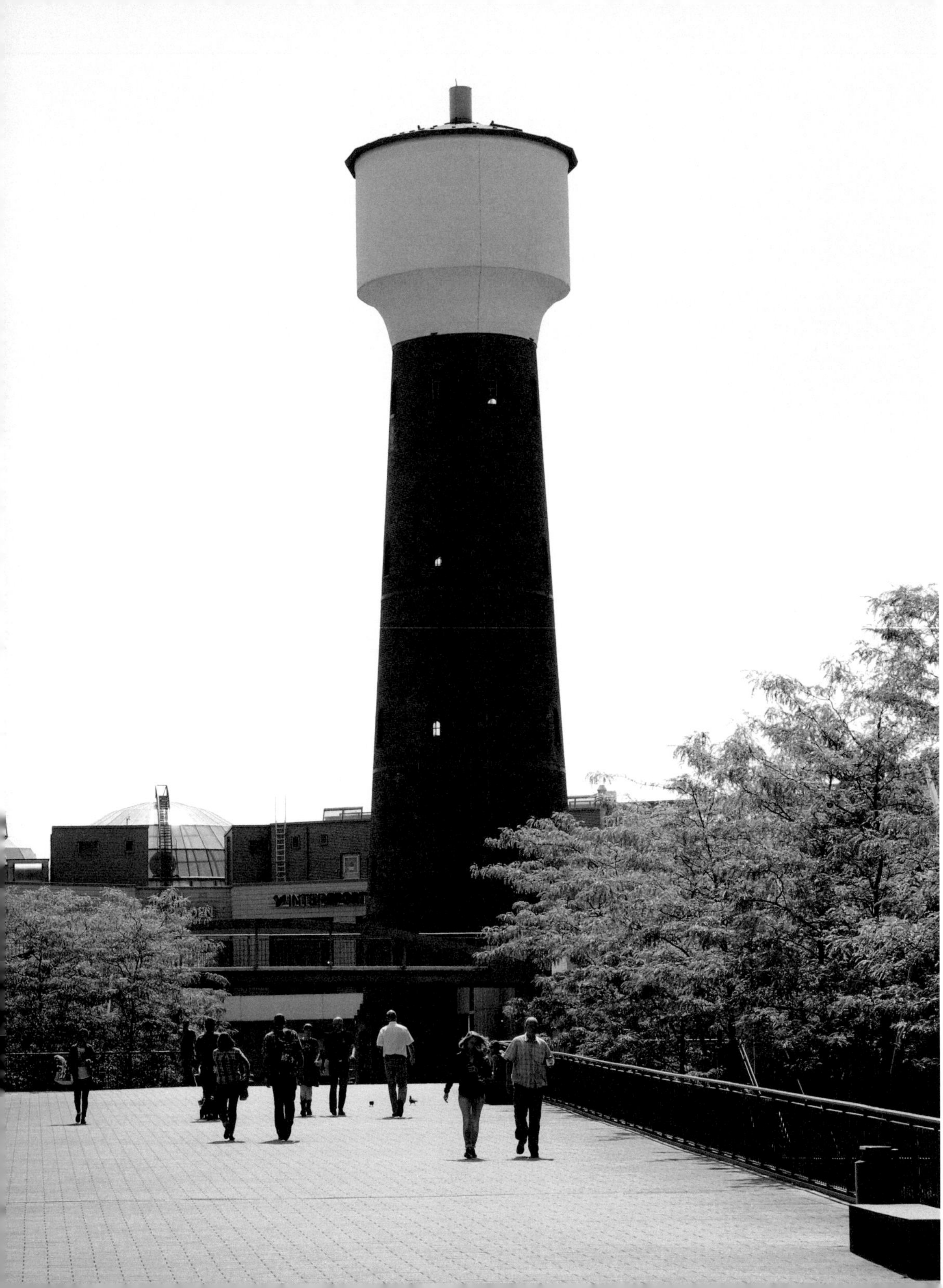

10 Denkmal
Chemische Fabrik Kalk
Am Bürgerpark

11 Wohnhäuser
Am Bürgerpark

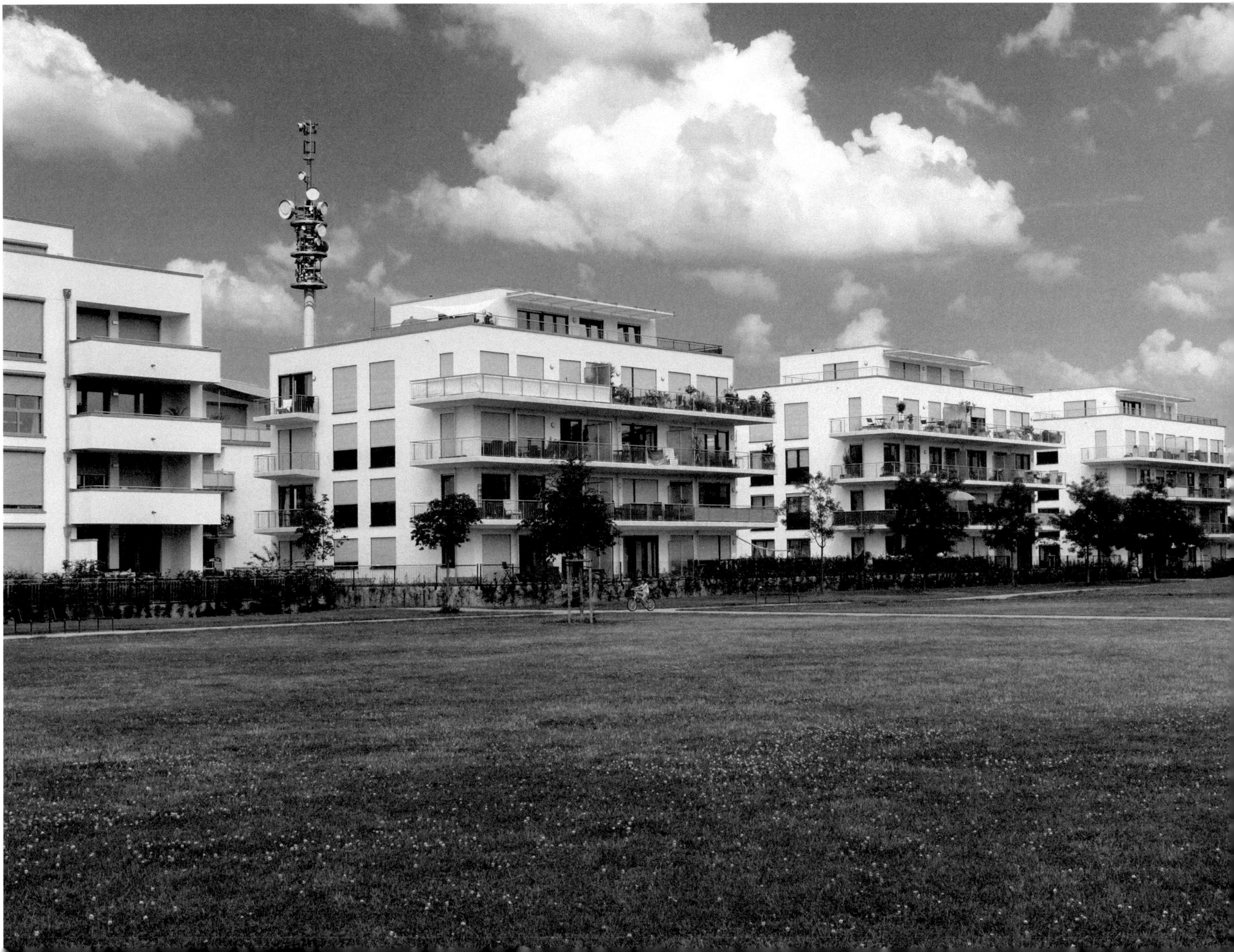

12 Einkaufszentrum
Köln Arcaden
Kalker Hauptstraße

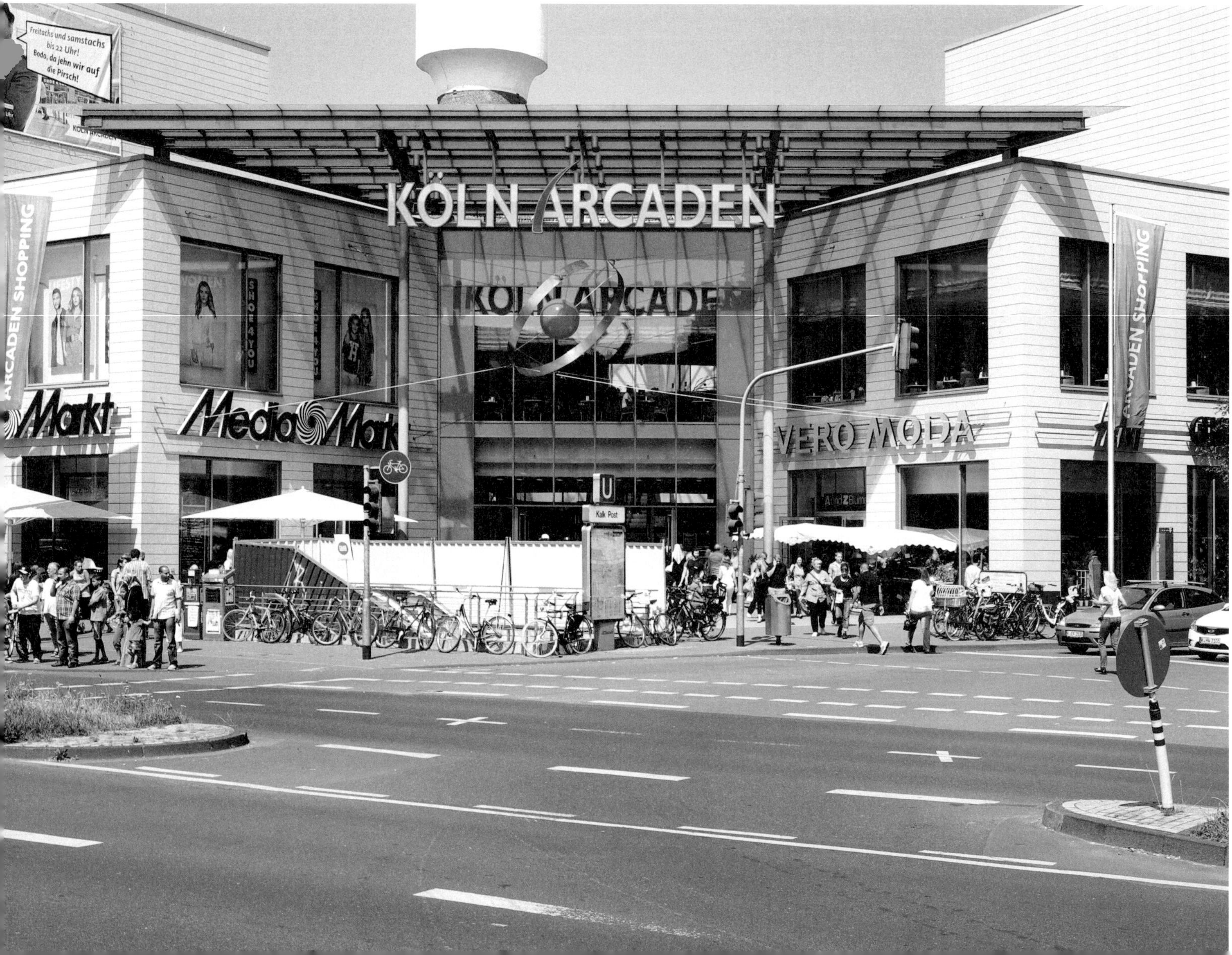

13 Kunst am Bau
Am Bürgerpark

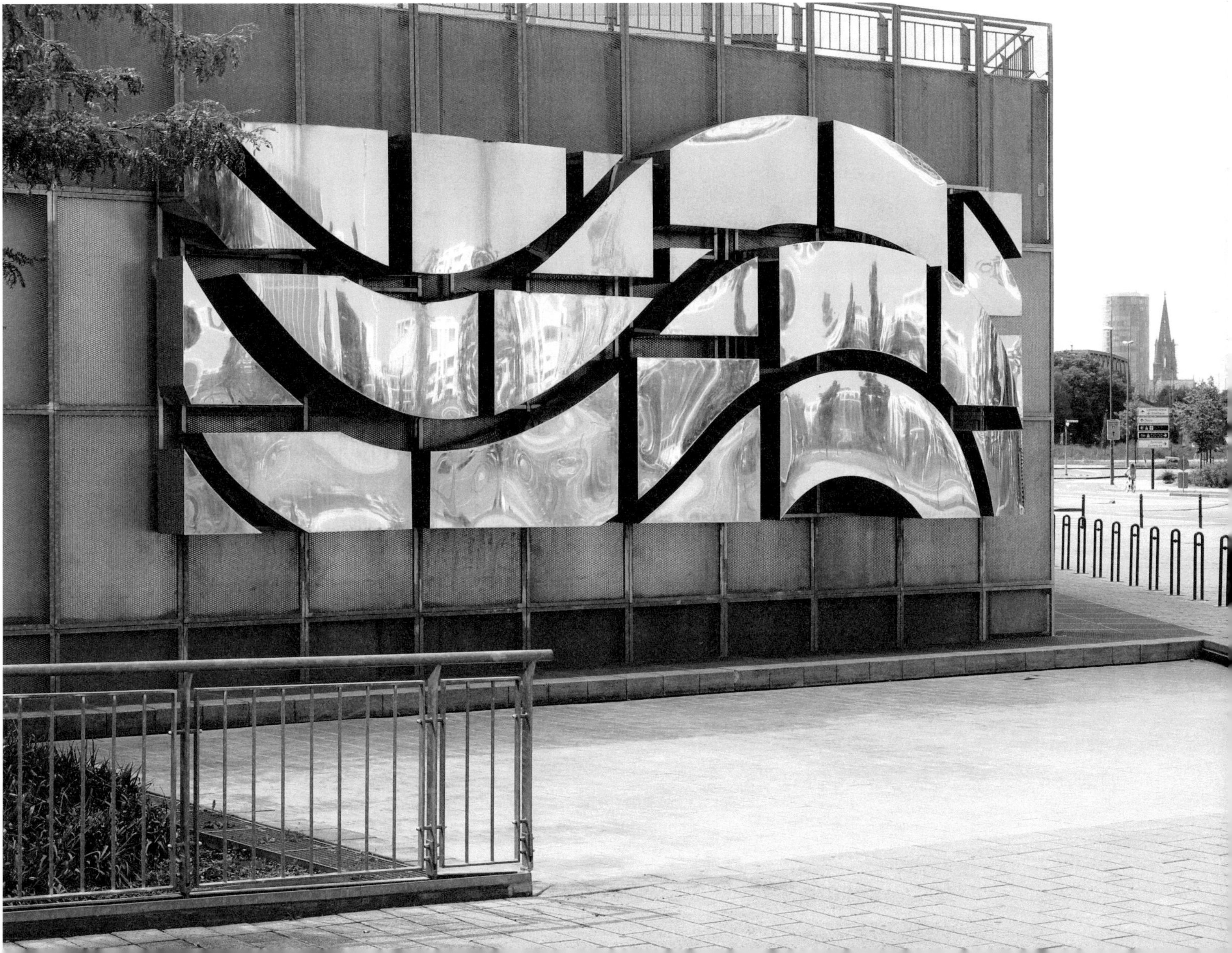

14 Öffentlicher Verwaltungsbau
Polizeirevier
Barcelona Allee

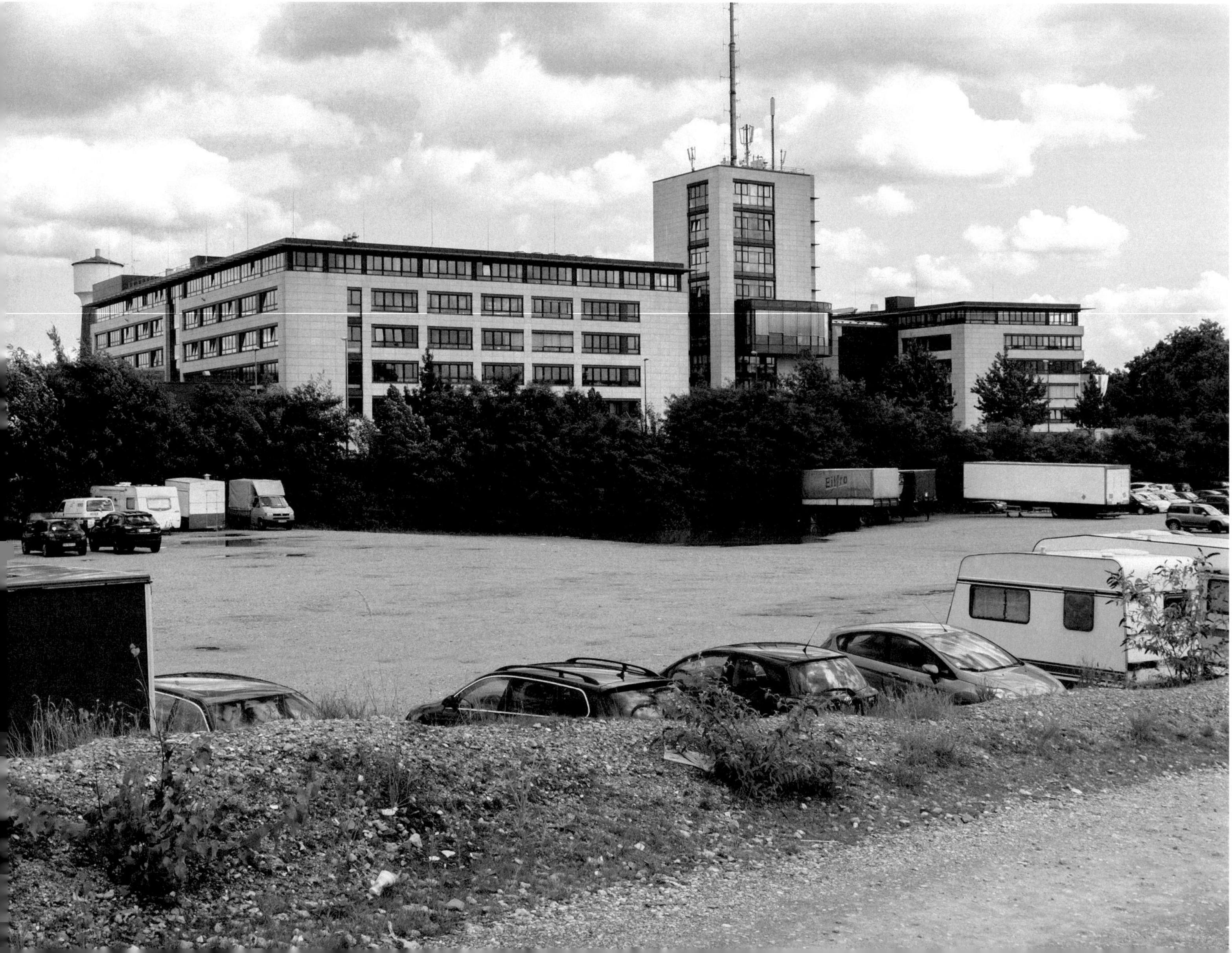

15 Bürogebäude
Seven Principles
Straße des 17. Juni

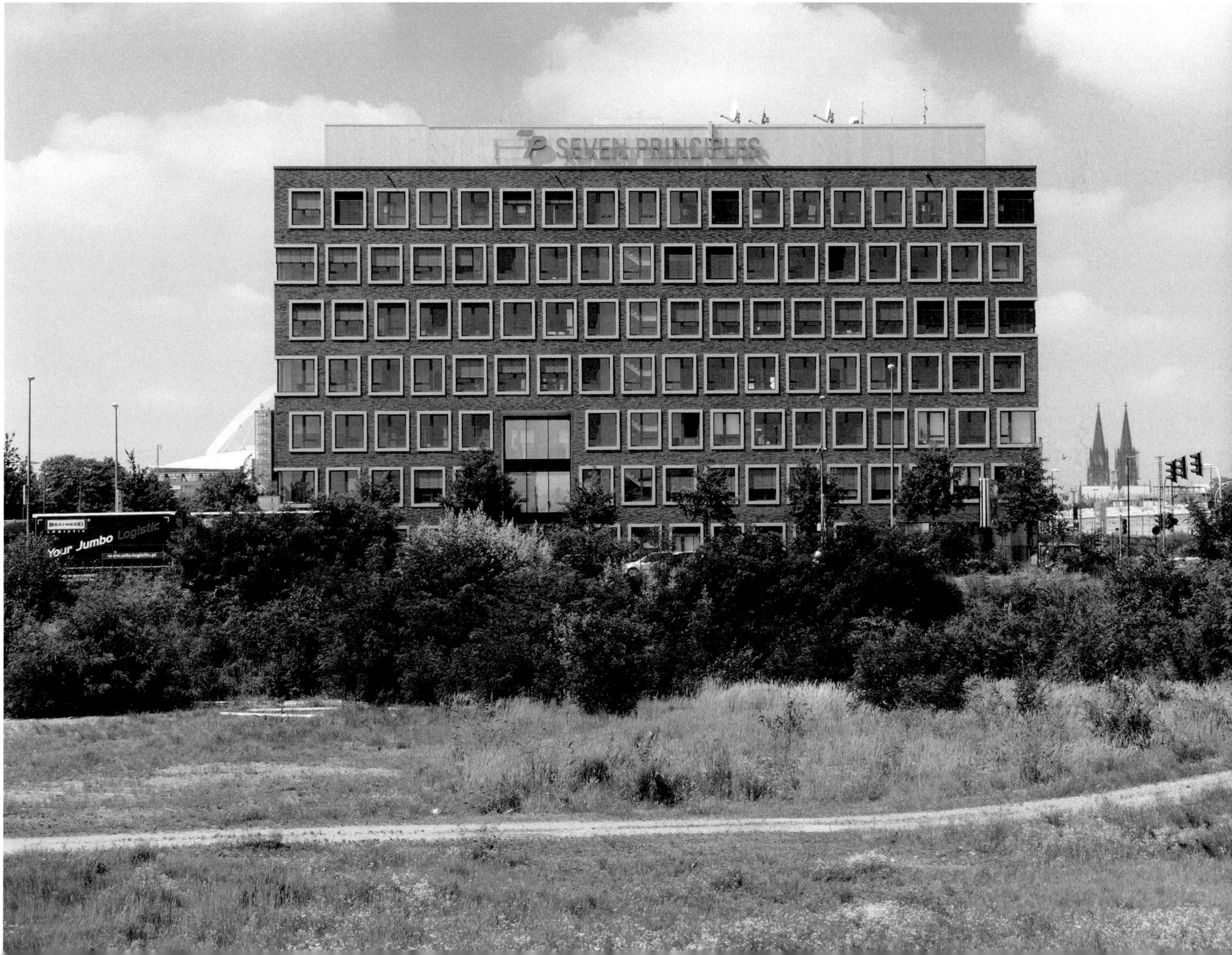

16 Bauprojekt
Bürocampus Deutzer Feld
Gummersbacher Straße

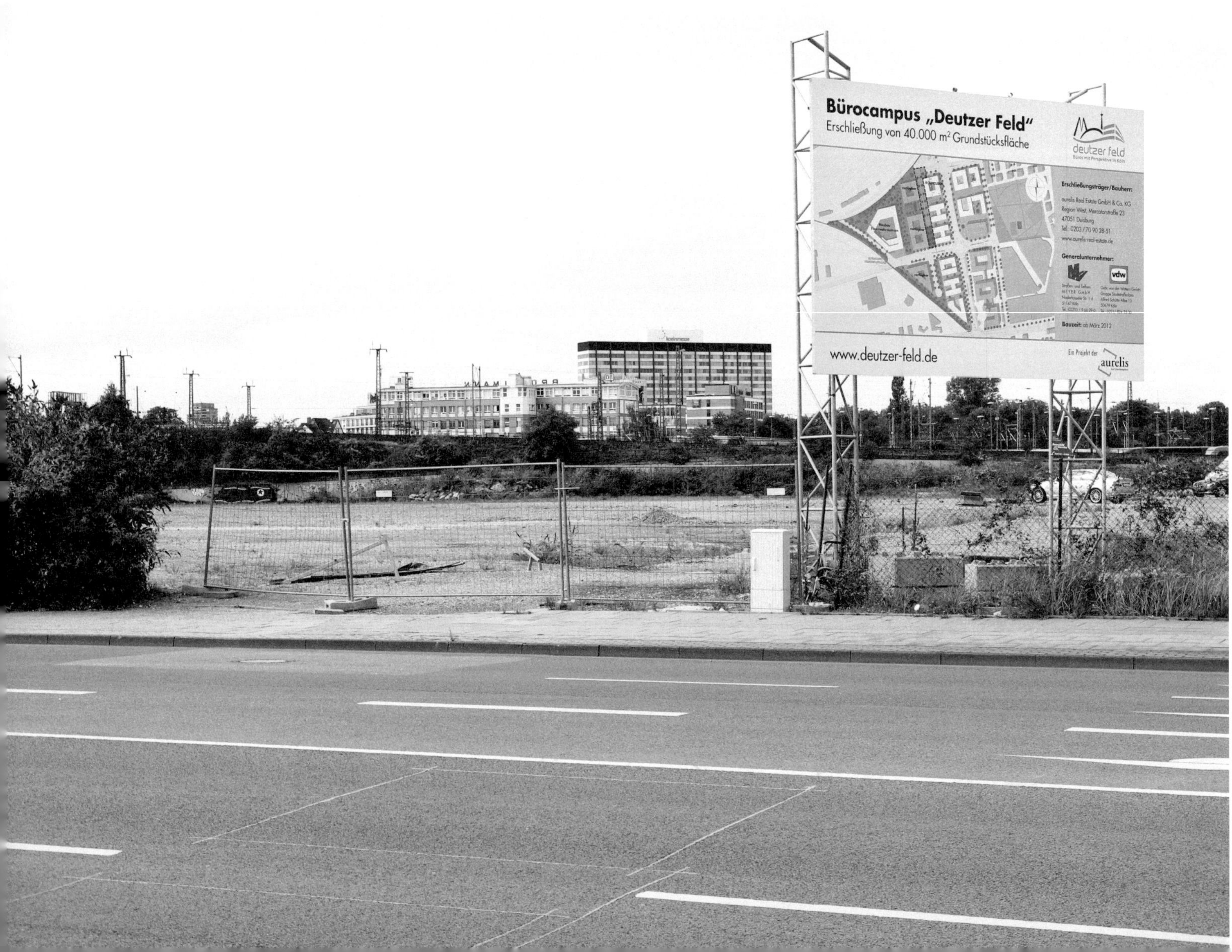

17 Fernbushaltestelle
Gummersbacher Straße

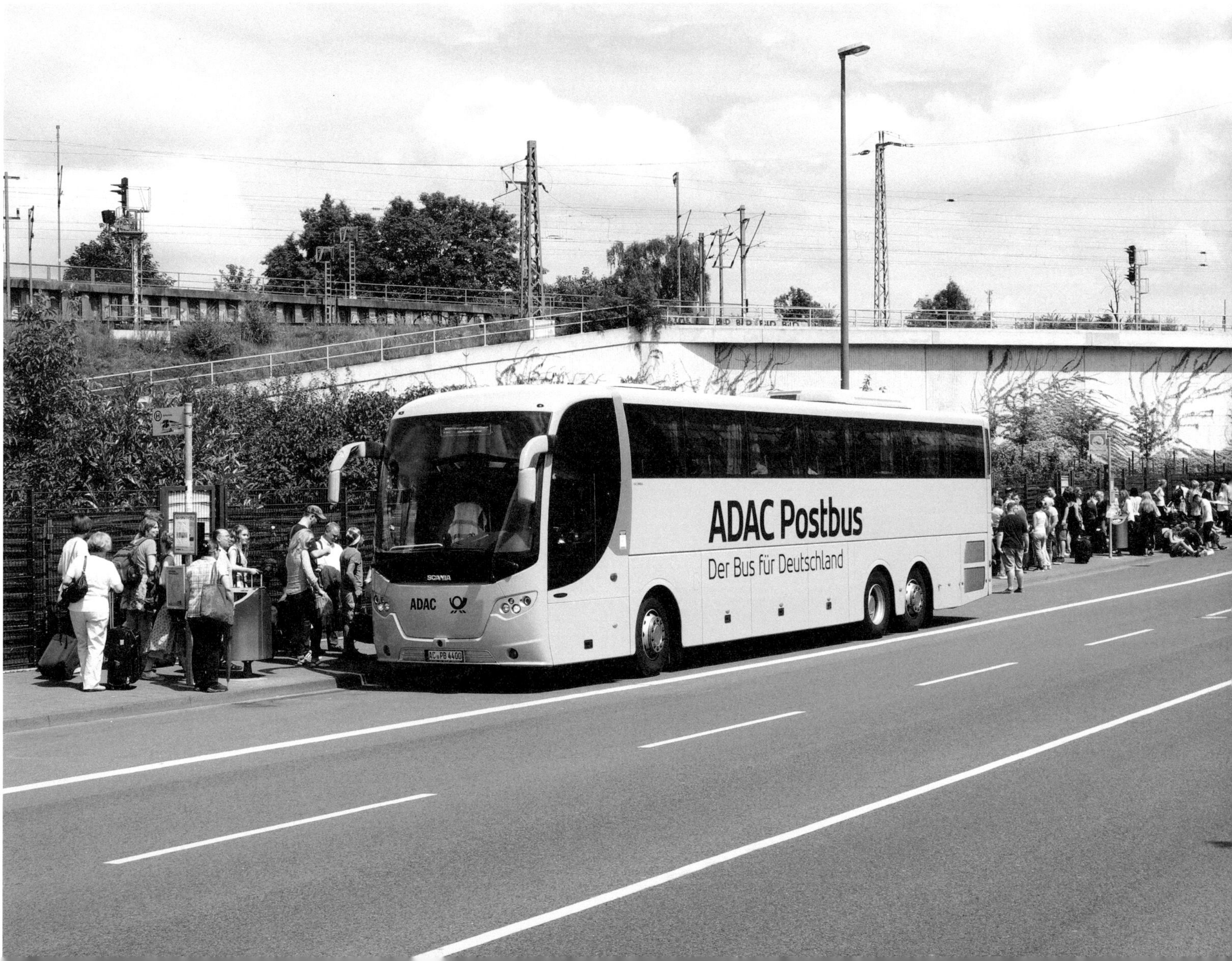

18 Veranstaltungshalle
Lanxess Arena
Willy-Brandt-Platz

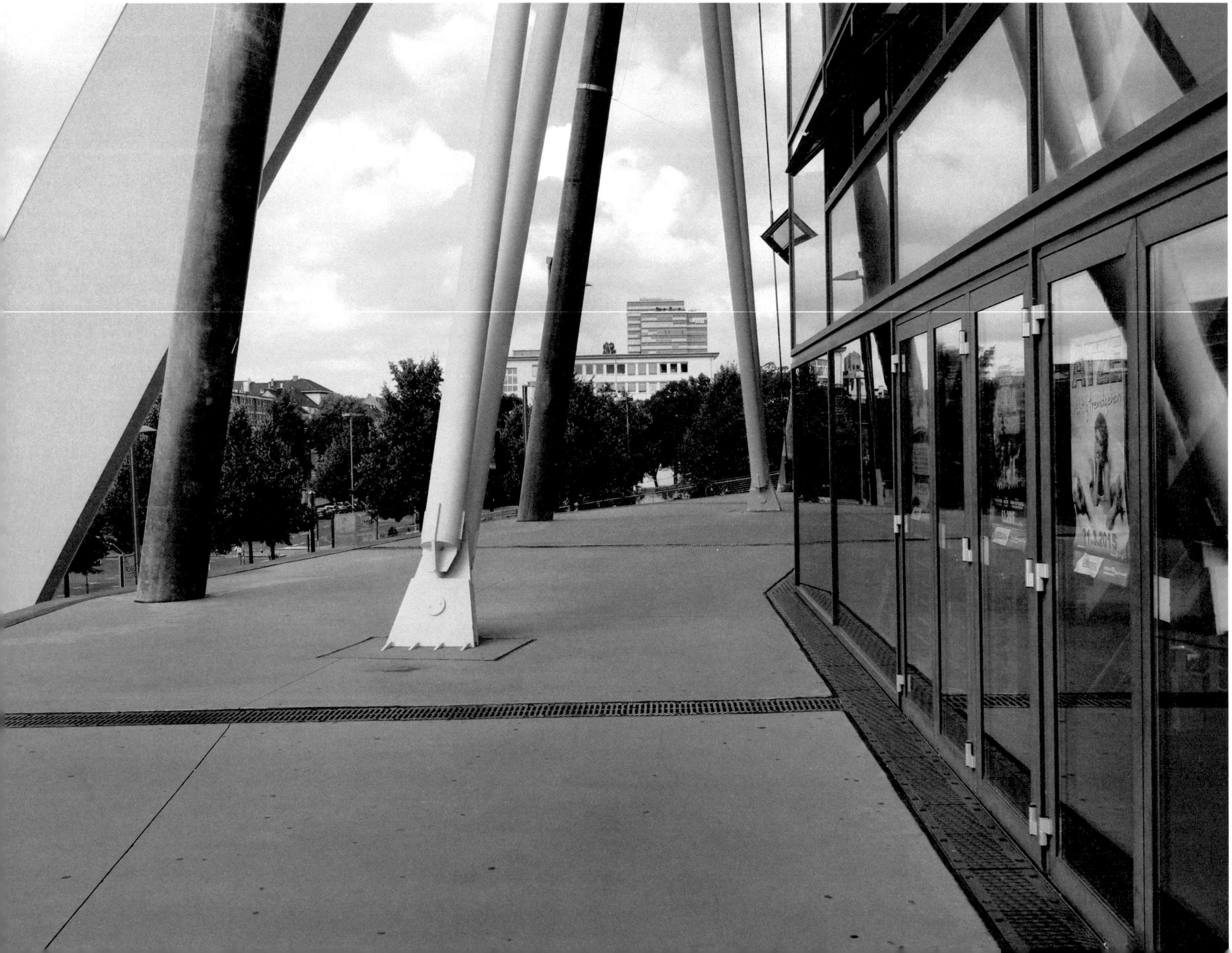

19 Öffentlicher
Verwaltungsbau
Stadthaus
Willy-Brandt-Platz

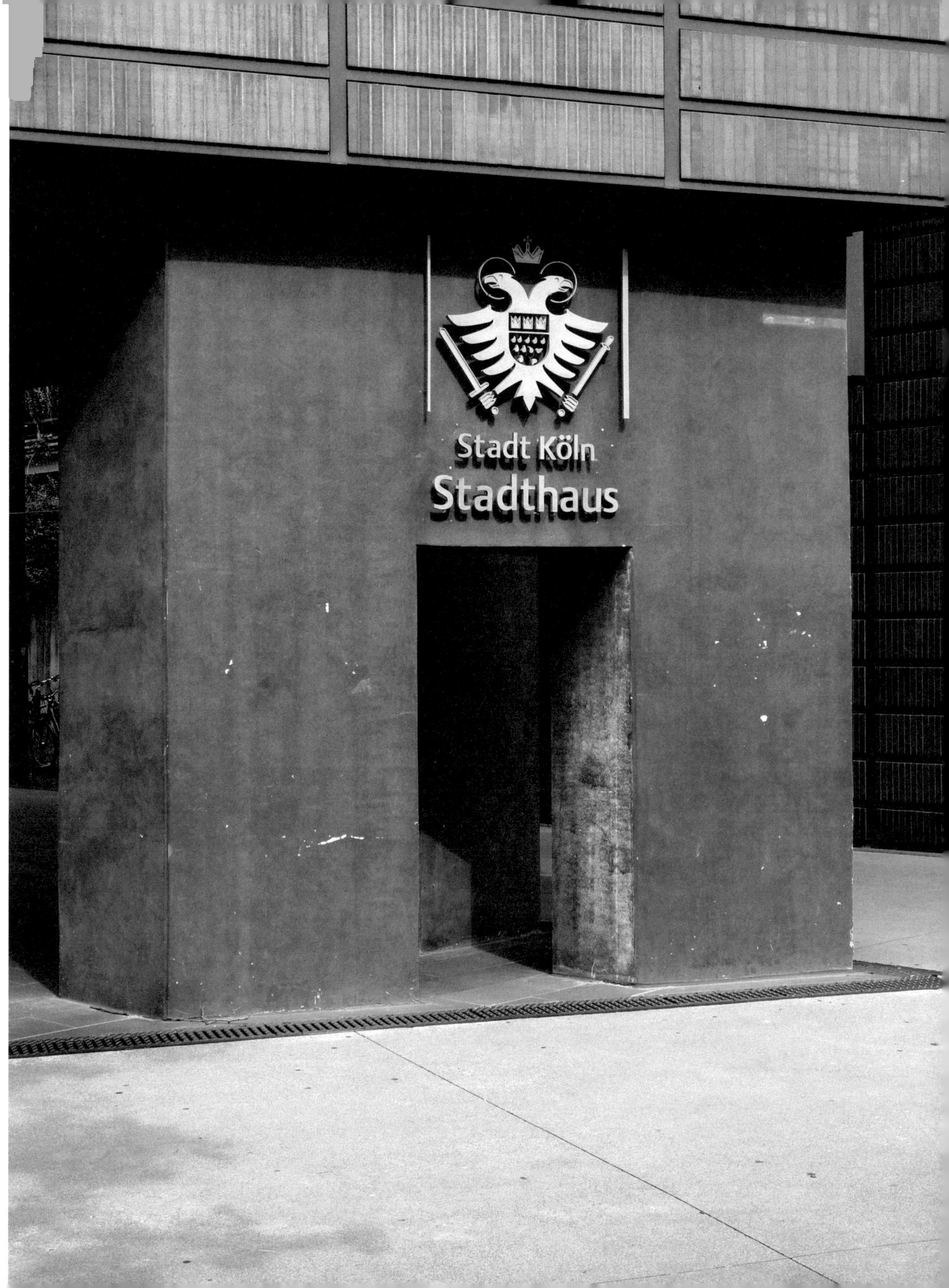

20 Veranstaltungshalle
Lanxess Arena
Willy-Brandt-Platz

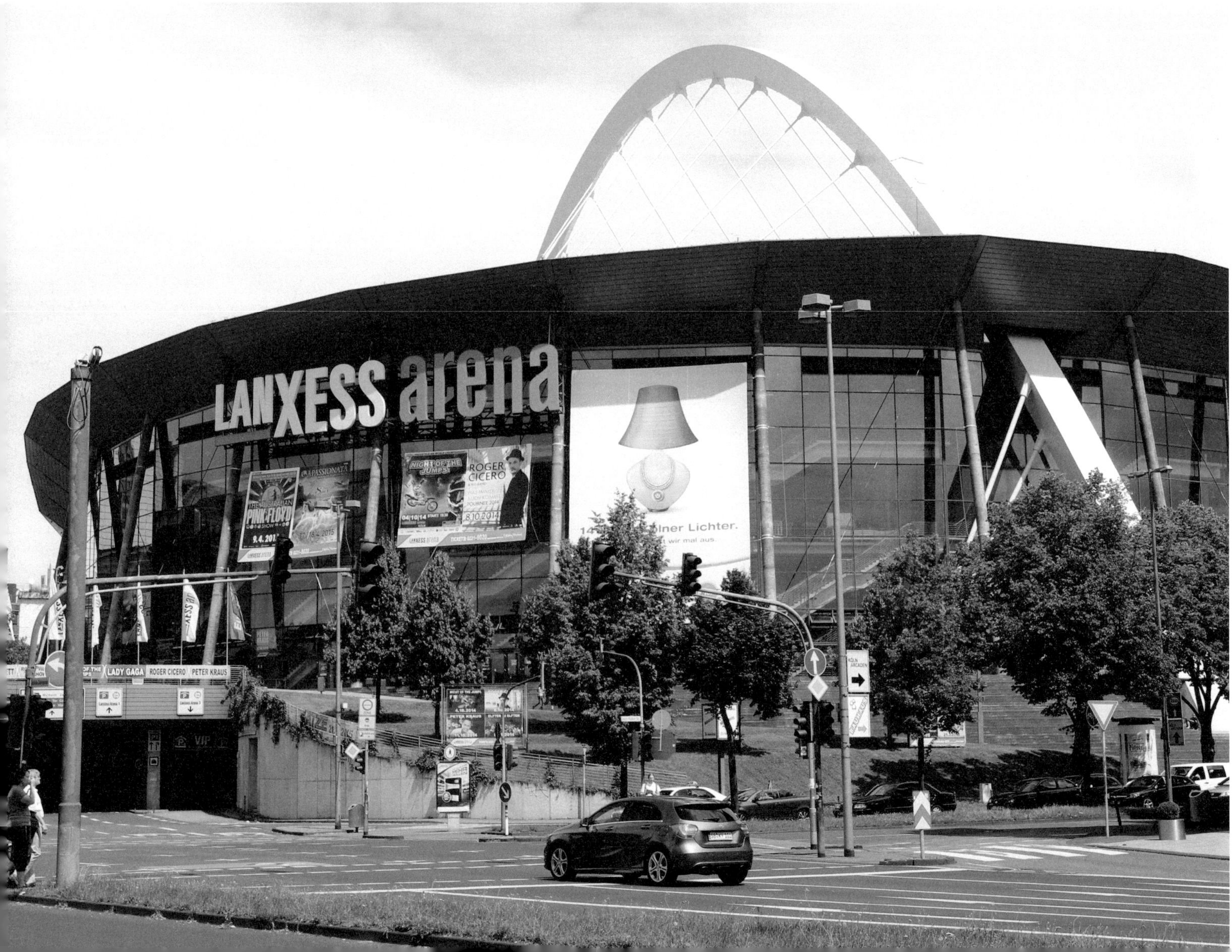

21 Öffentlicher Verwaltungsbau
Stadthaus
Willy-Brandt-Platz

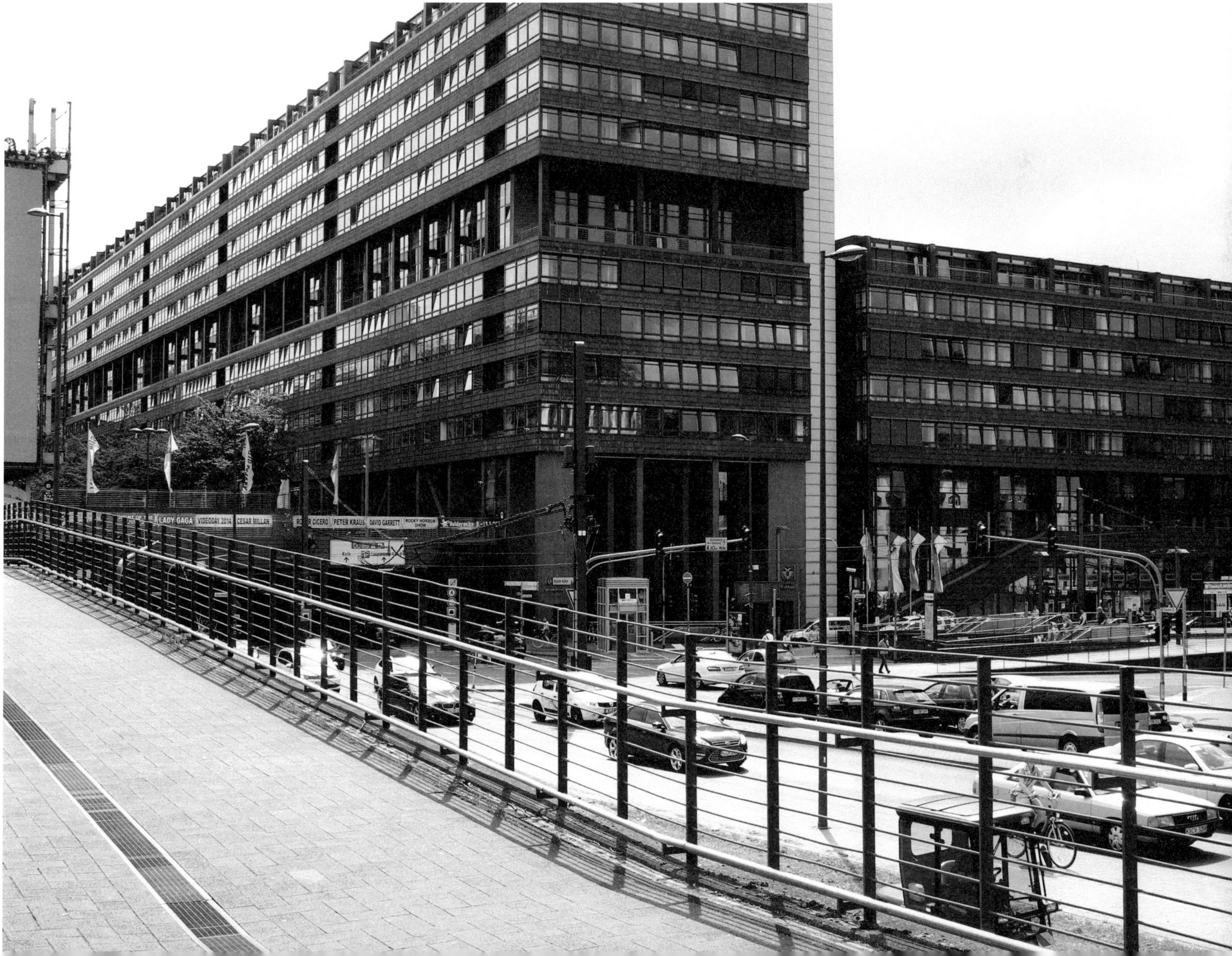

22 Bürogebäude
Justinianstraße

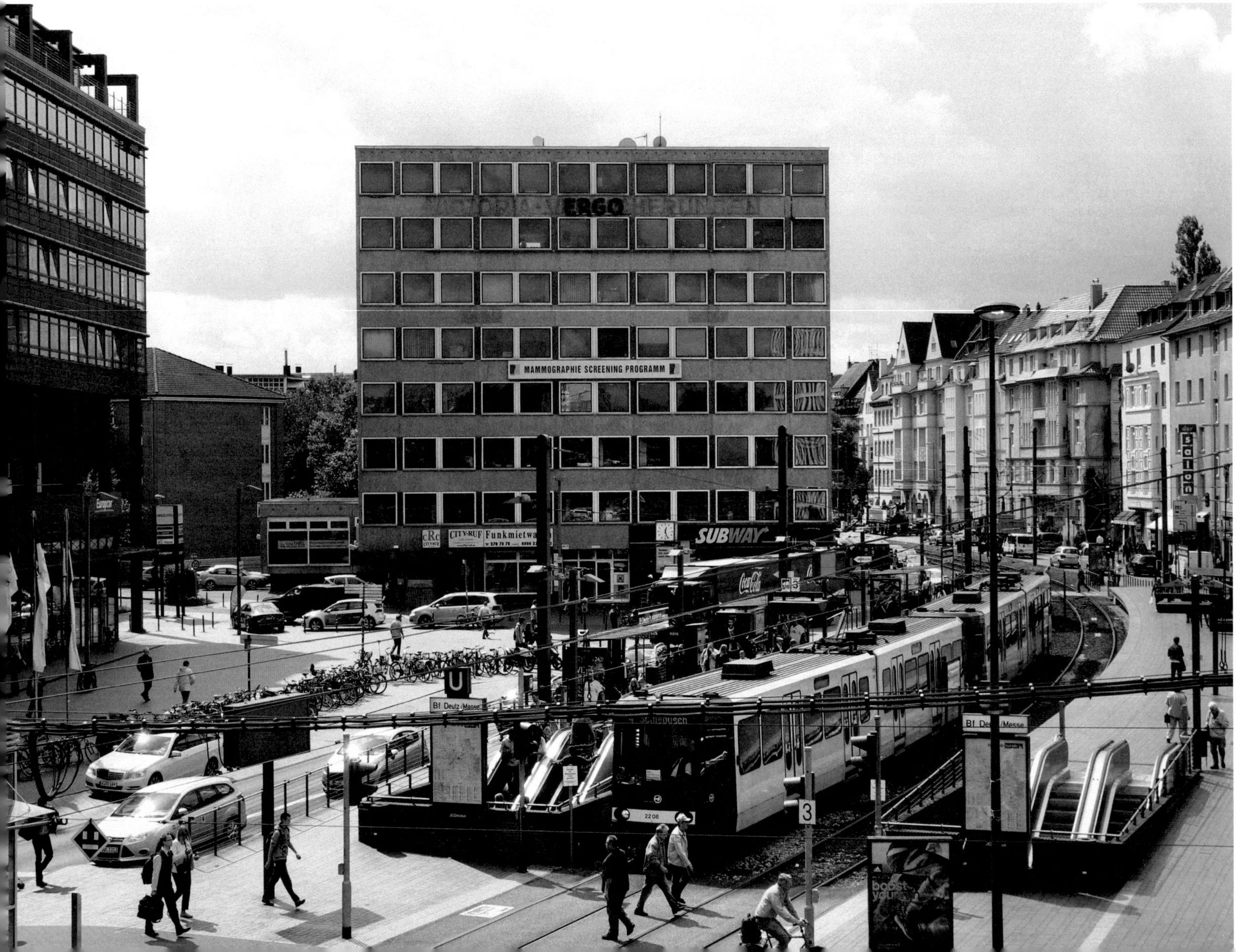

23 Bürogebäude
Constantin Höfe
Constantinstraße

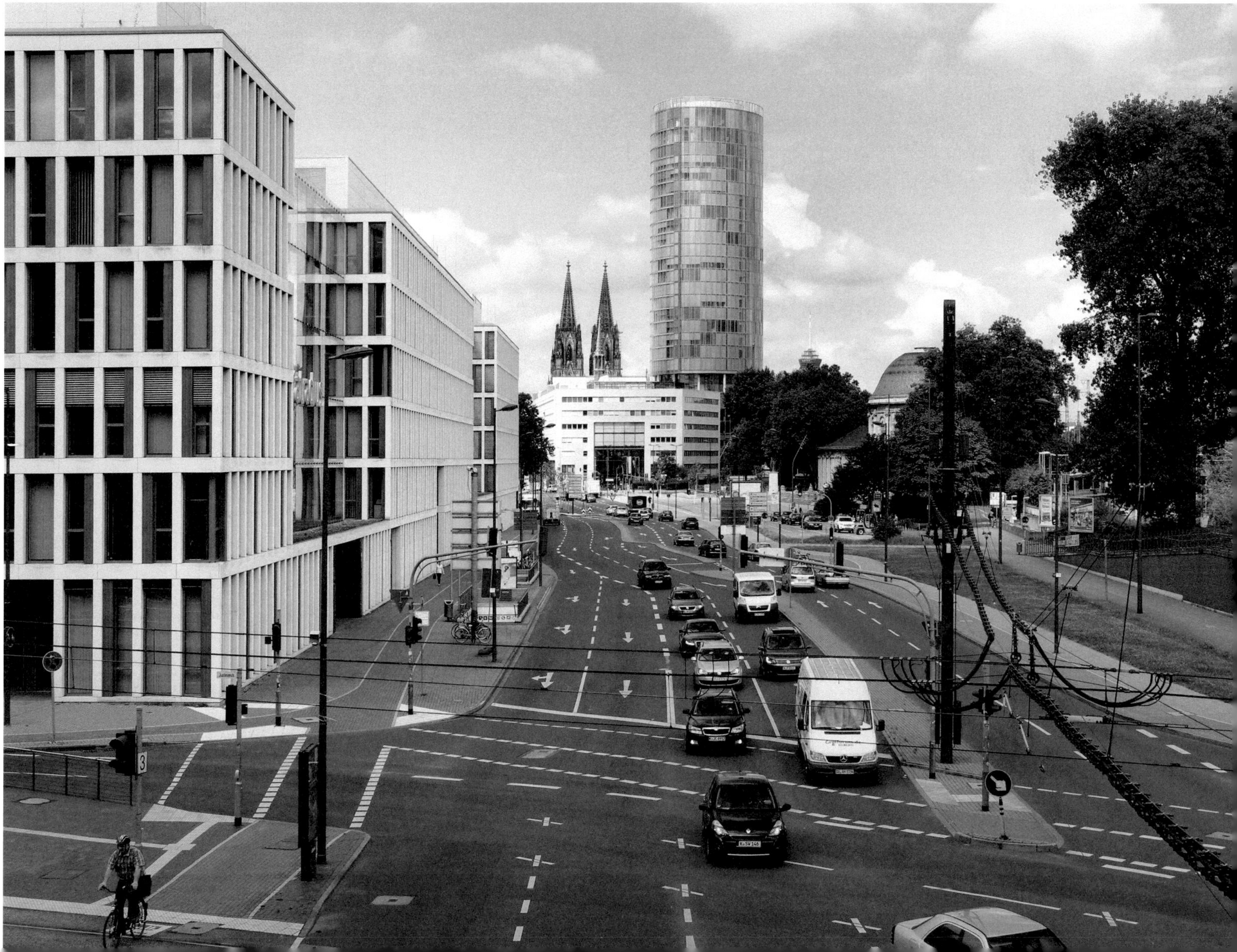

24 Parkhaus
Willy-Brandt-Platz

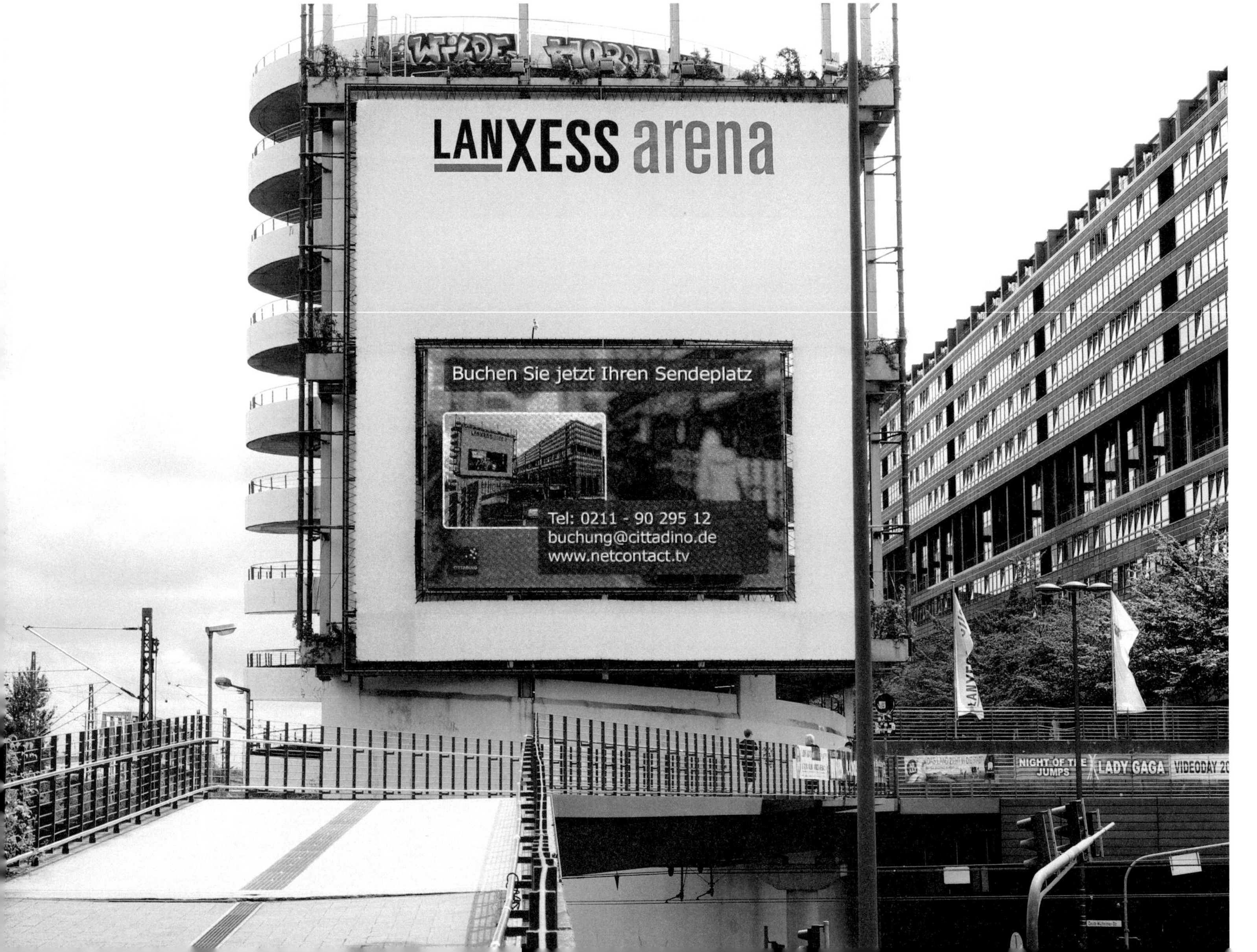

25 Bürogebäude
Constantin Höfe
Constantinstraße

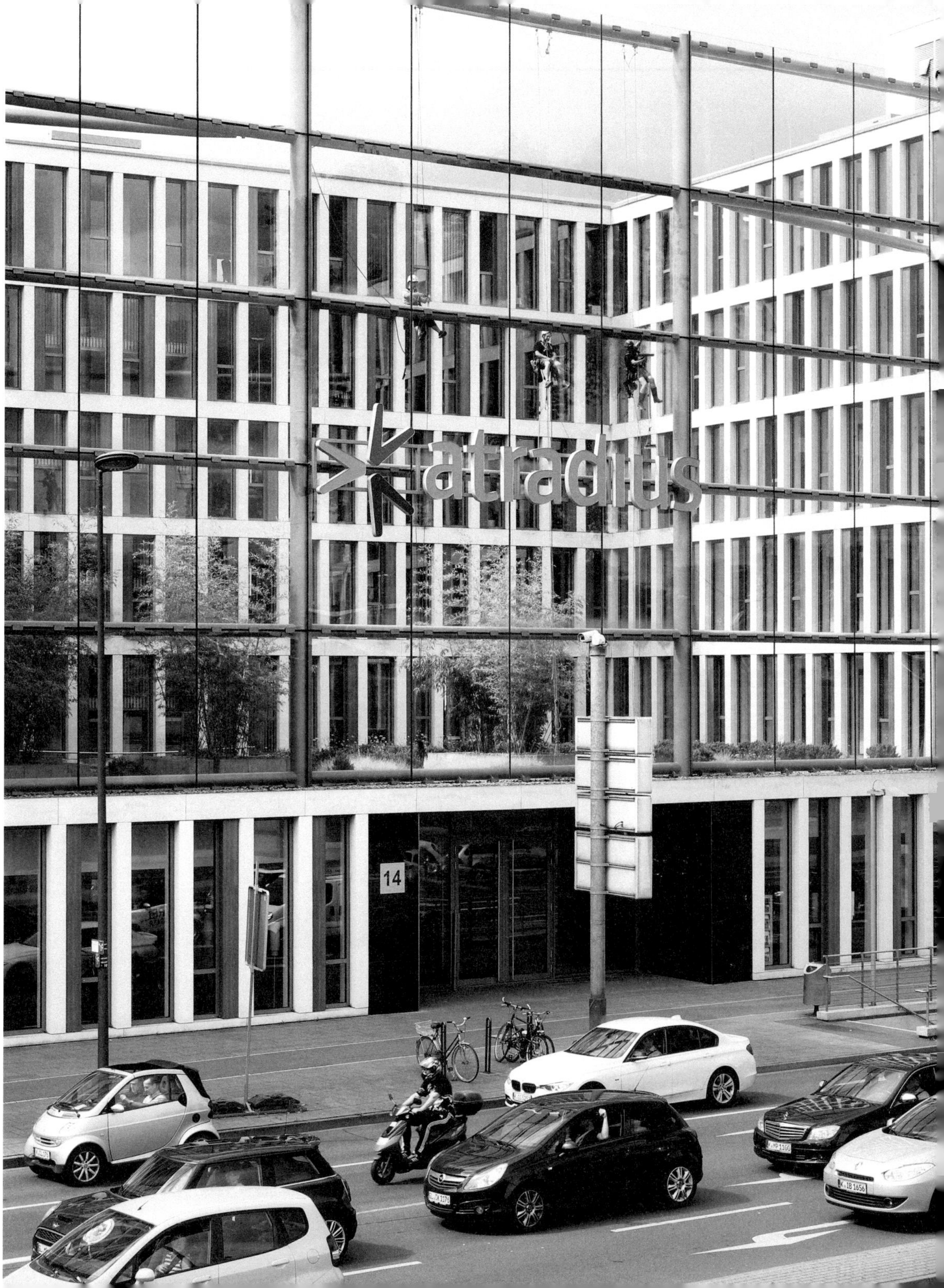

26 Bürogebäude
Constantin Höfe
Constantinstraße

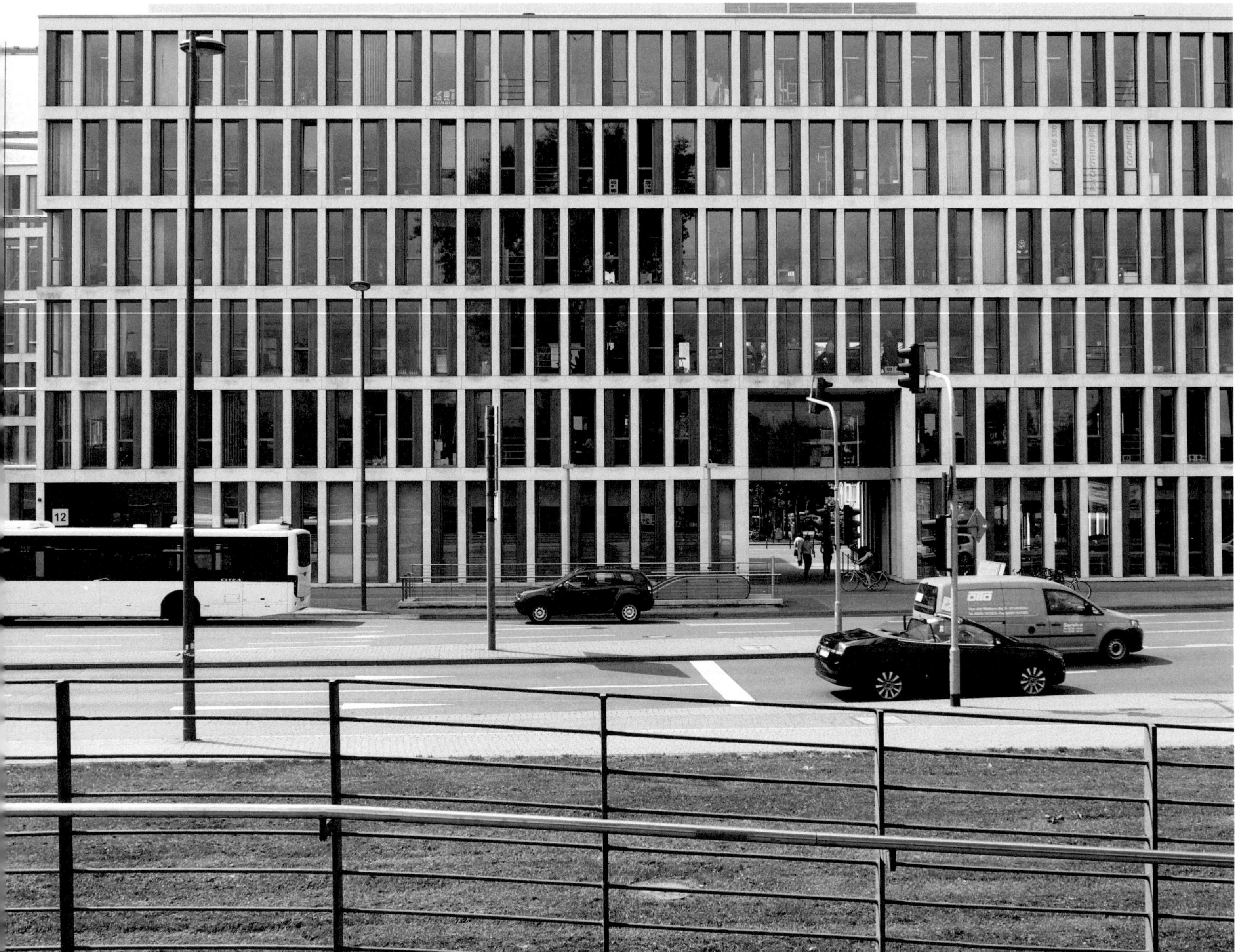

27 Bahnhofsvorplatz
Köln Messe/Deutz
Ottoplatz

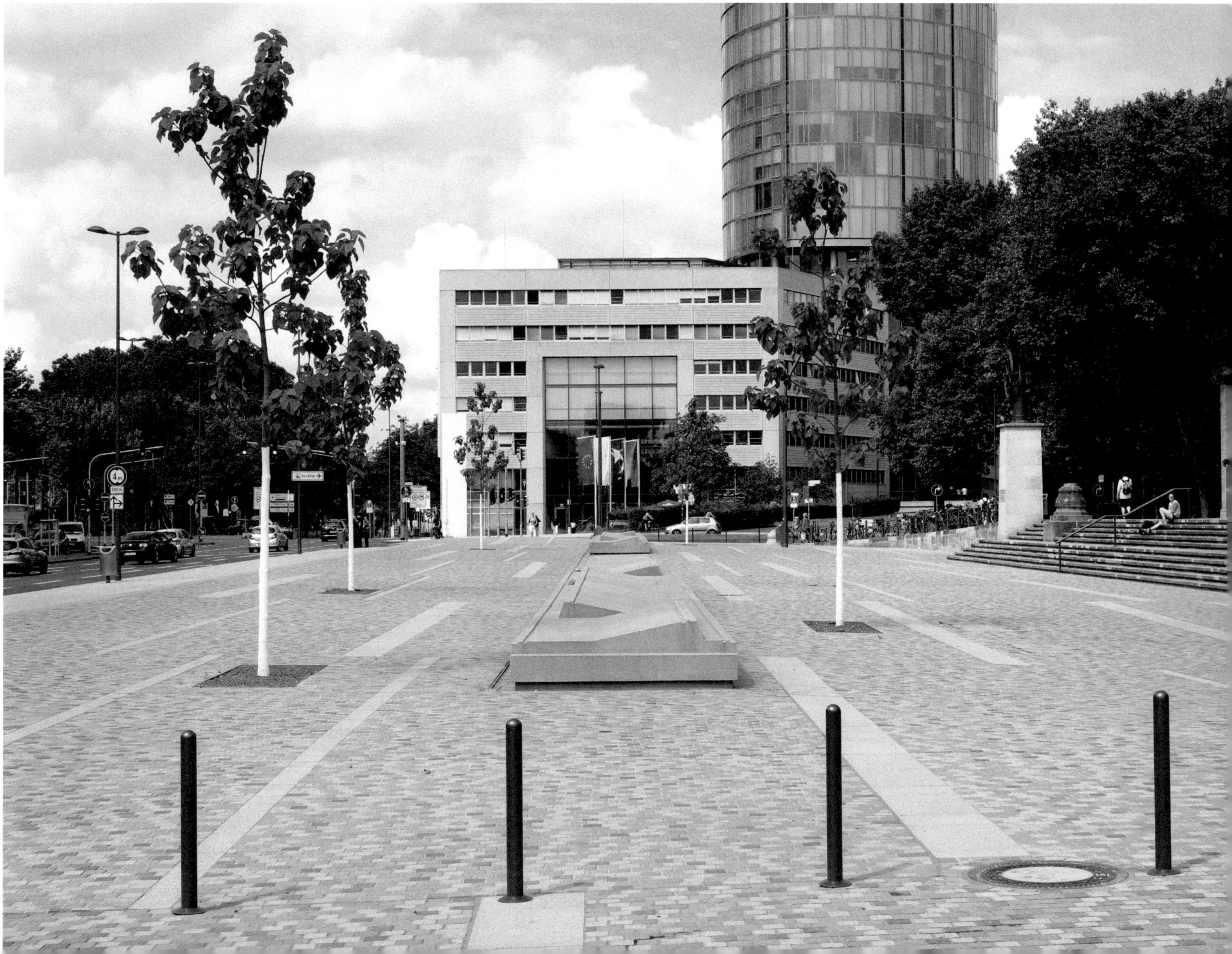

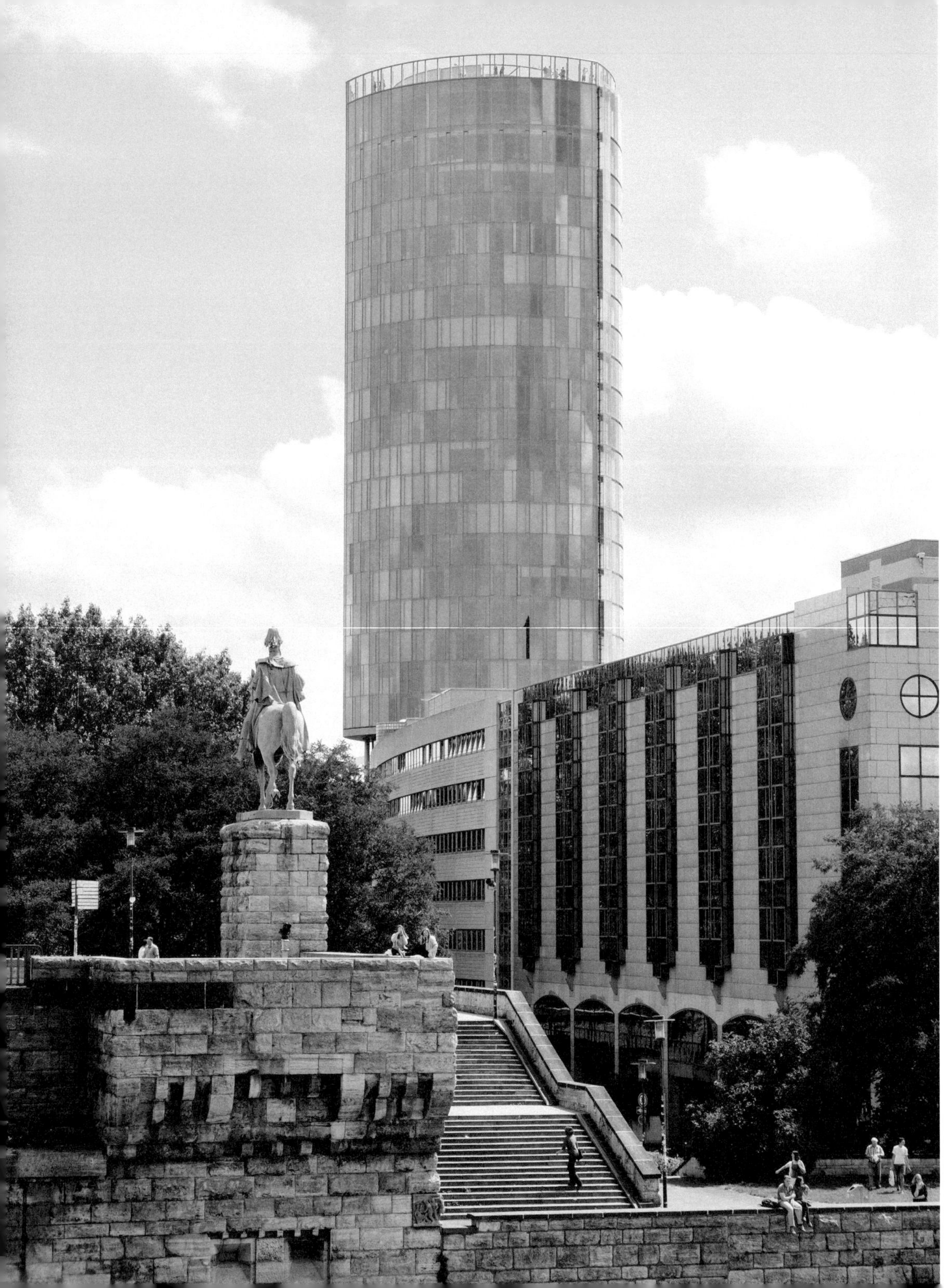

28 Bürogebäude
Köln Triangle
Ottoplatz

29 Messehallen
Koelnmesse
Deutz

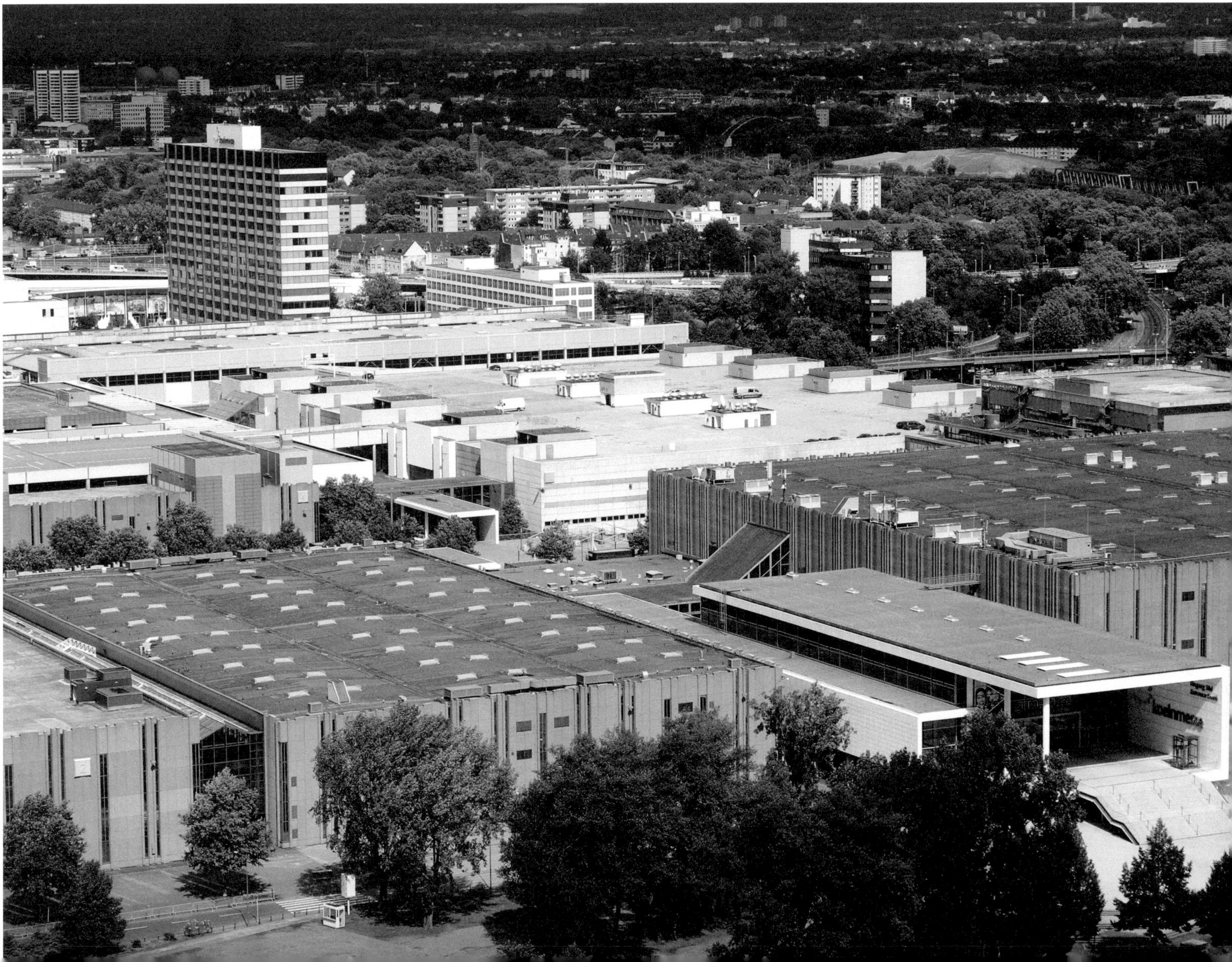

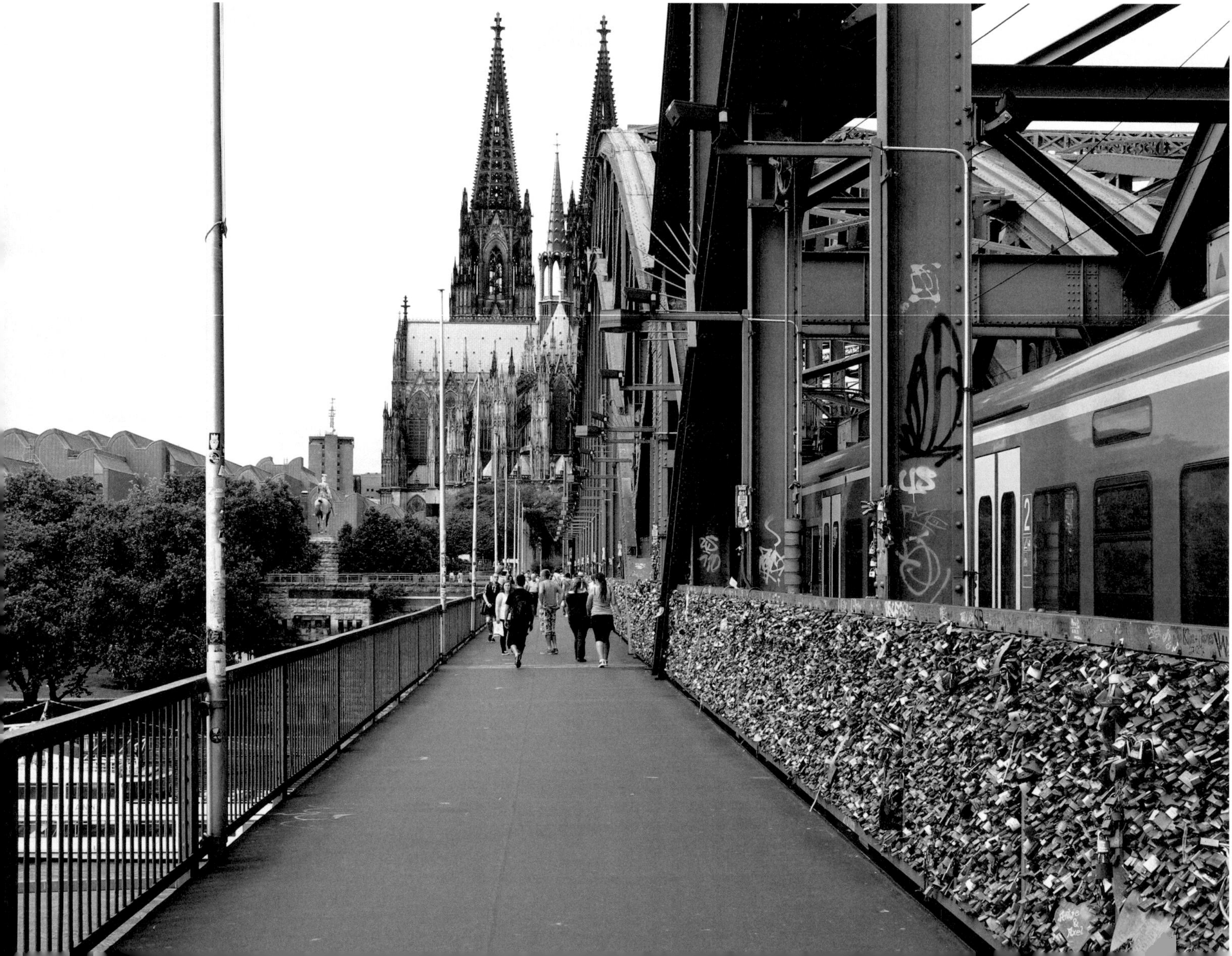

31 Konzerthaus
Kölner Philharmonie
Heinrich-Böll-Platz

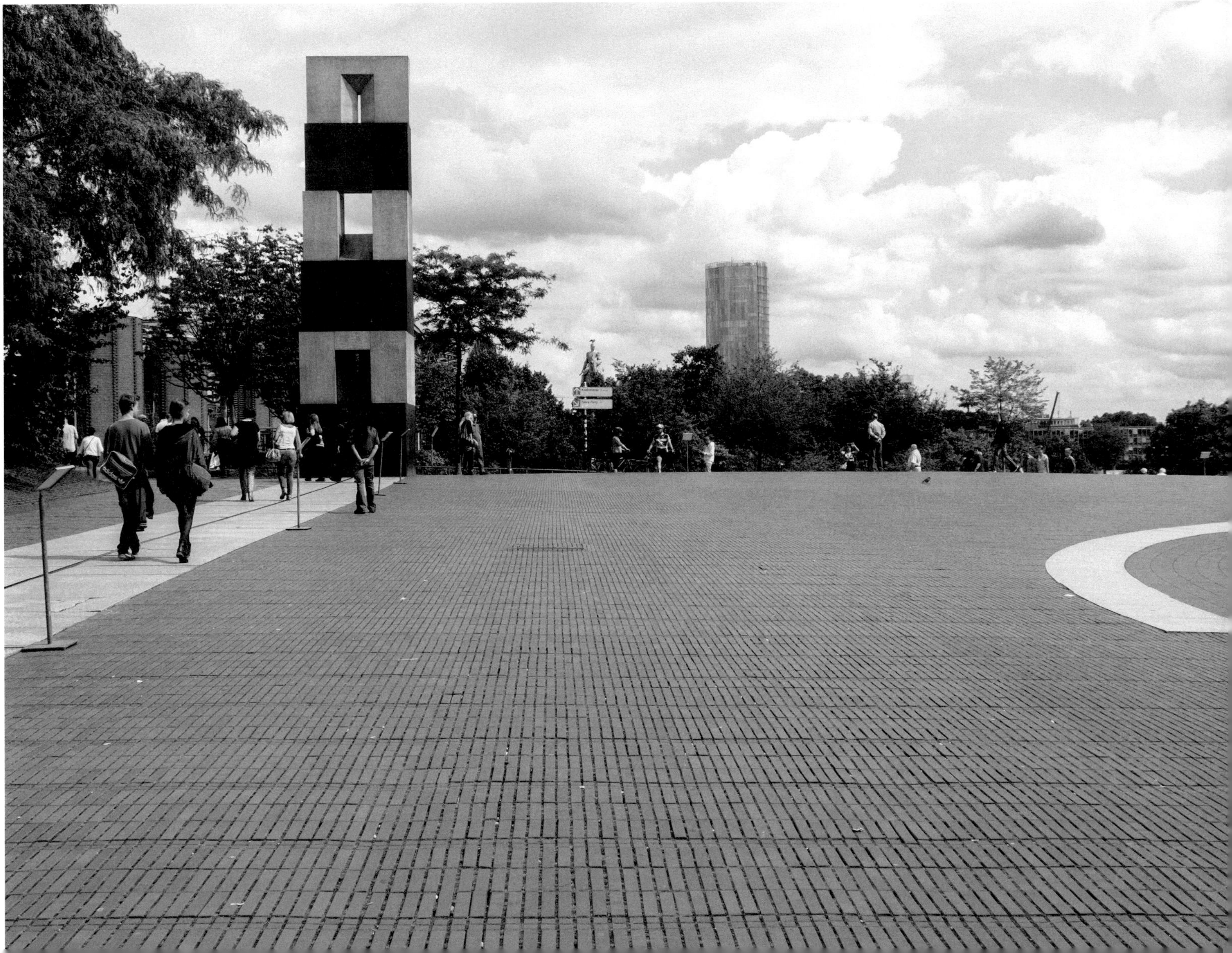

32 Bauprojekt
Domumgebung
Am Domhof

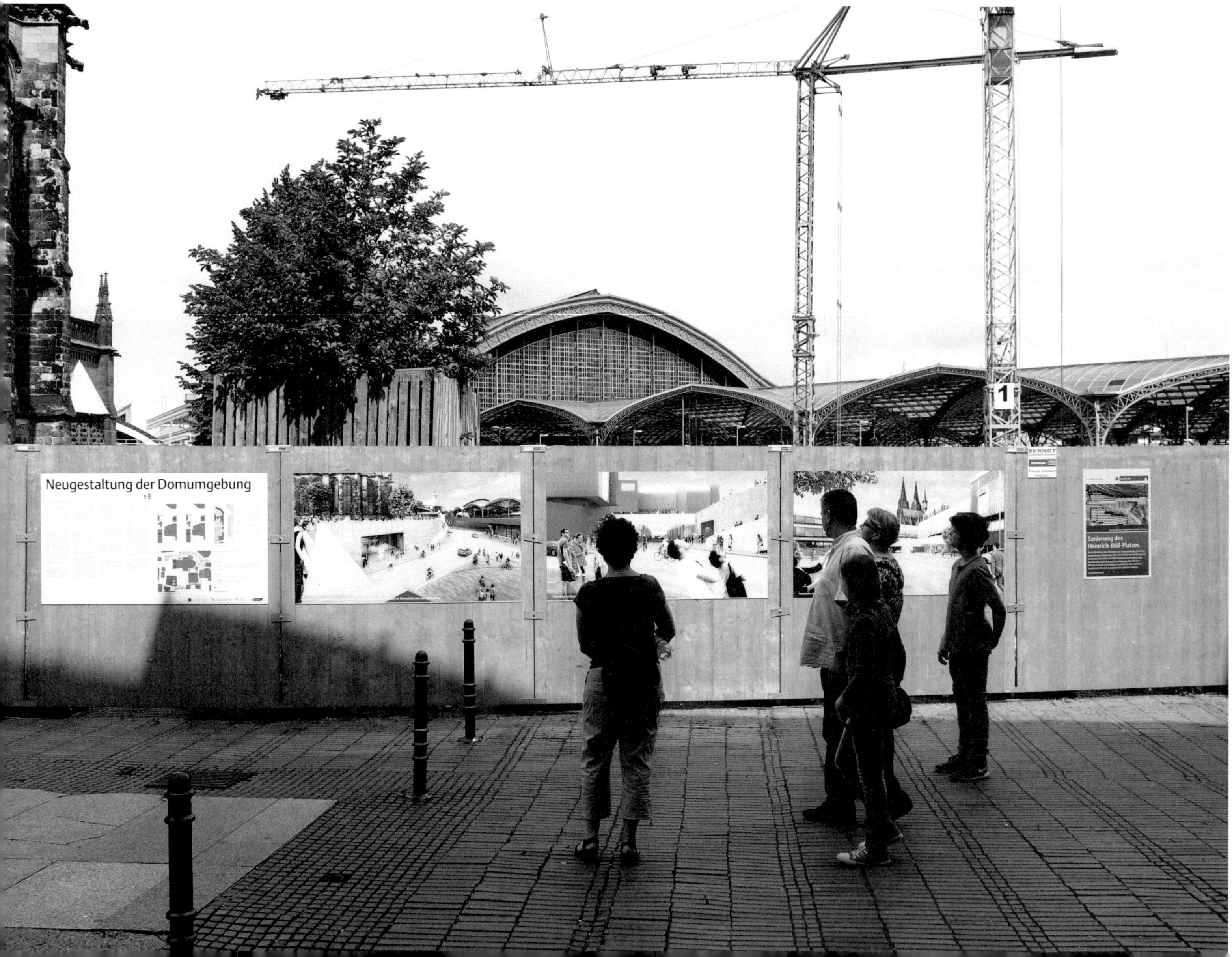

33 Veranstaltungshalle
Musical Dome
Konrad-Adenauer-Ufer

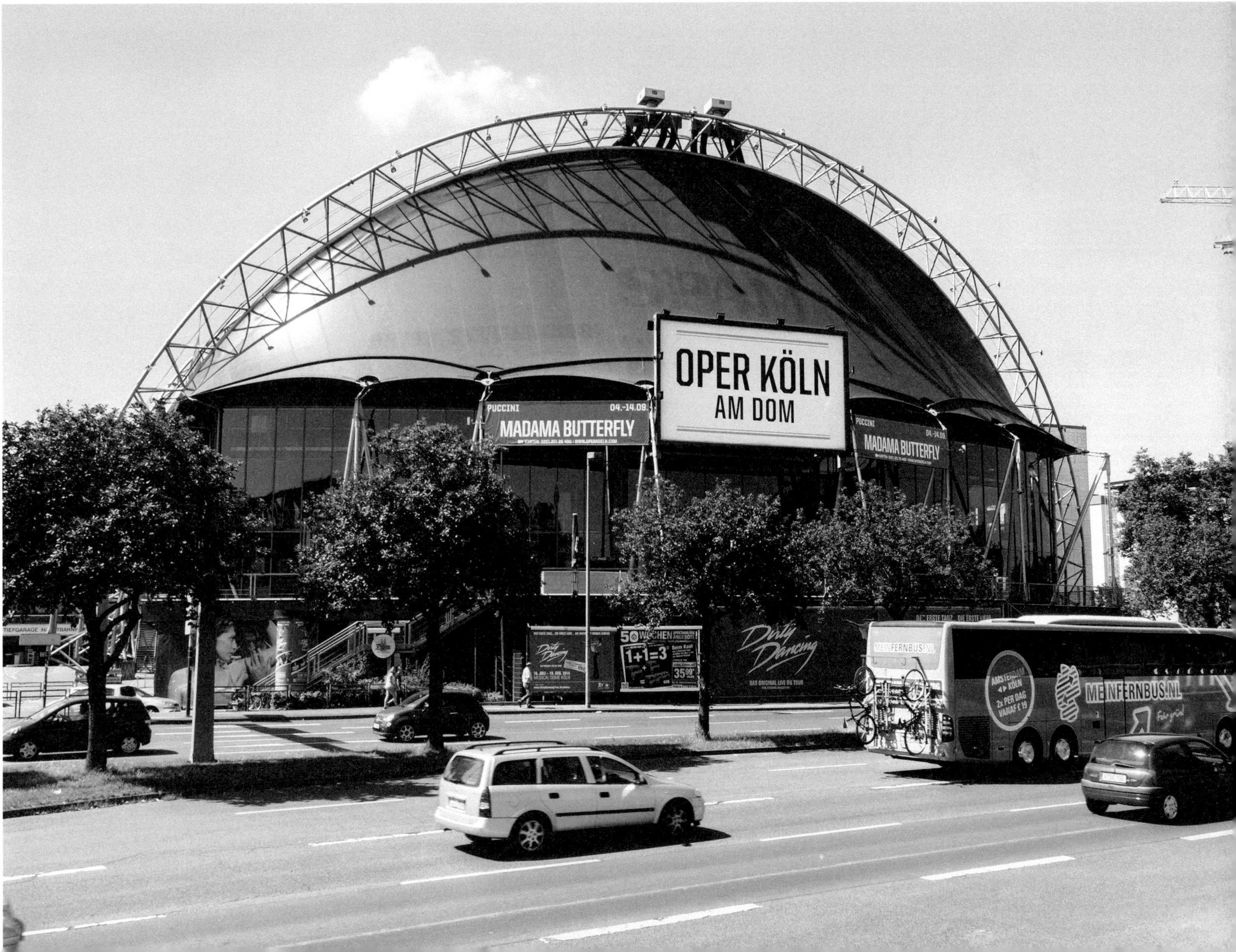

34 Veranstaltungshalle
Musical Dome
Konrad-Adenauer-Ufer

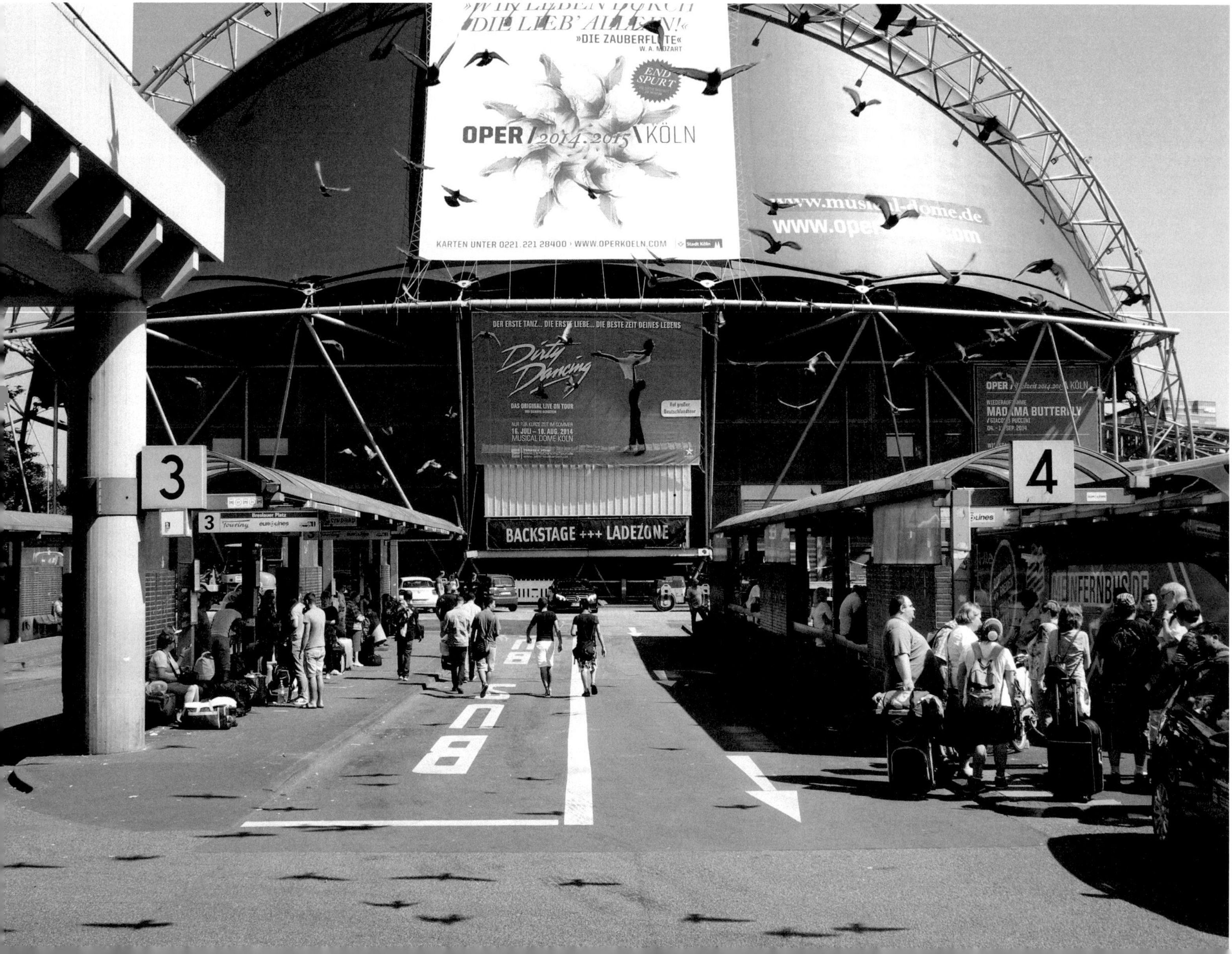

35 Zentraler Omnibusbahnhof
Am Hauptbahnhof

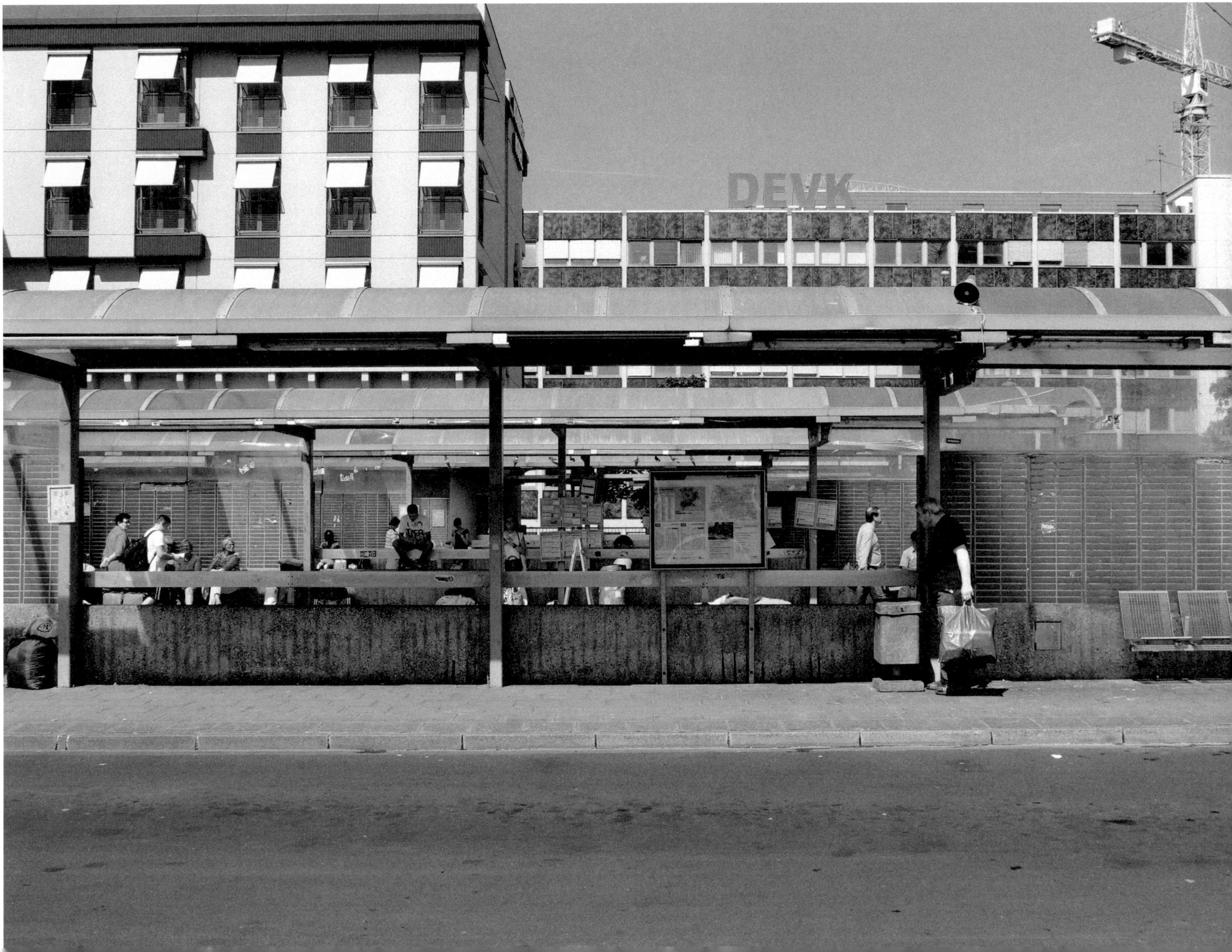

36 Bauprojekt
Neue Direktion Köln
Am Alten Ufer

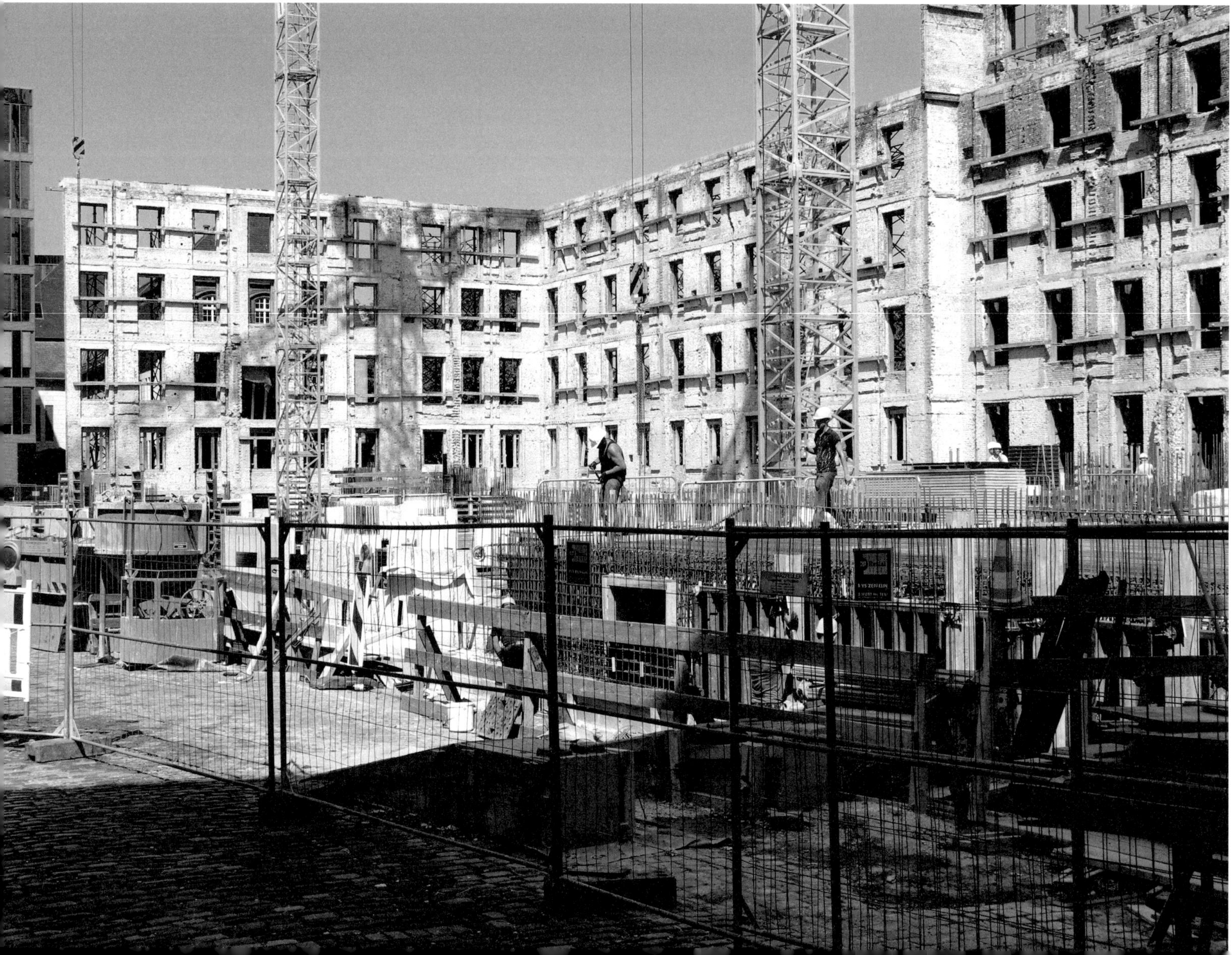

37 Bauprojekt
Neue Direktion Köln
Am Alten Ufer

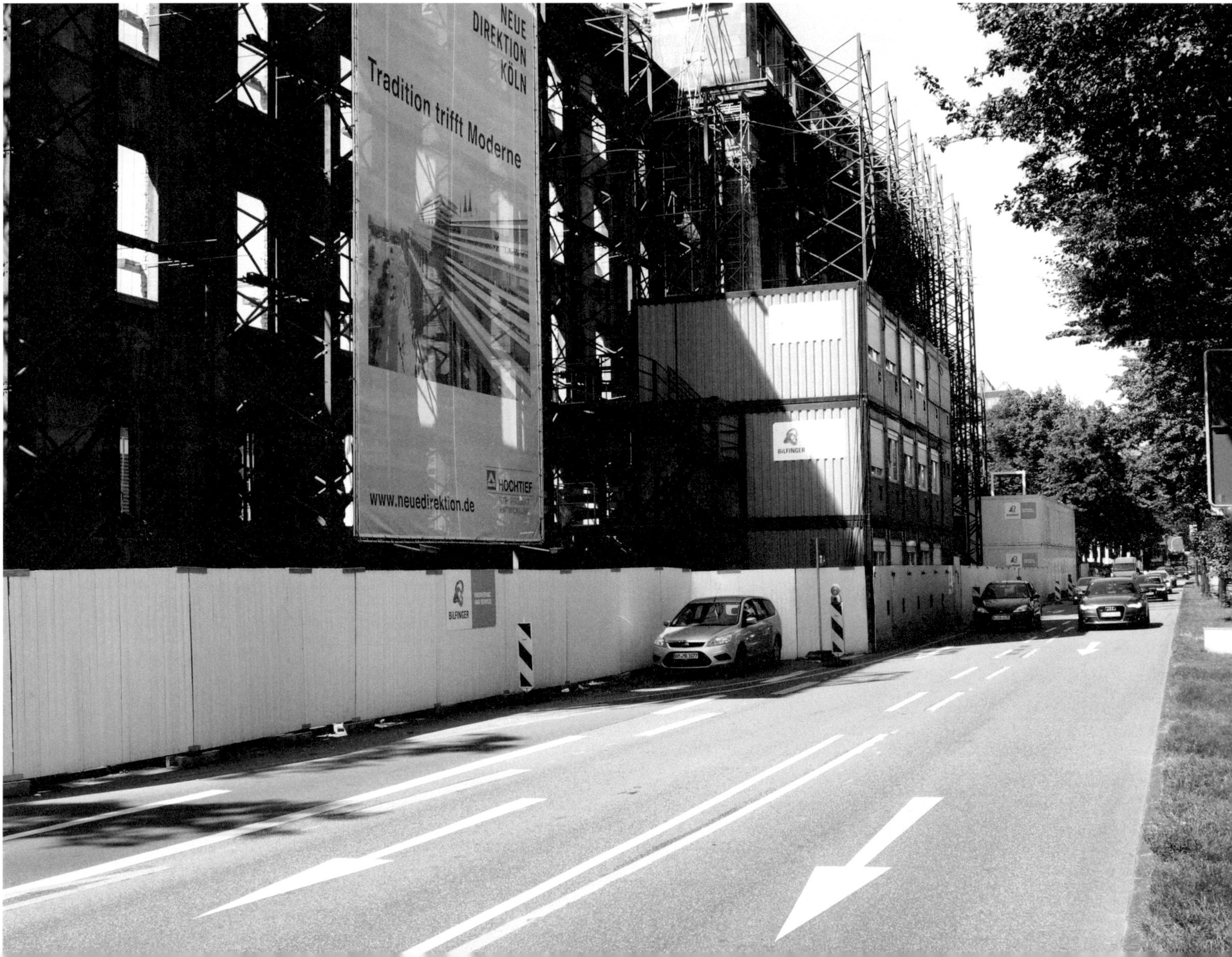

38 Altstadt
Rheinufer

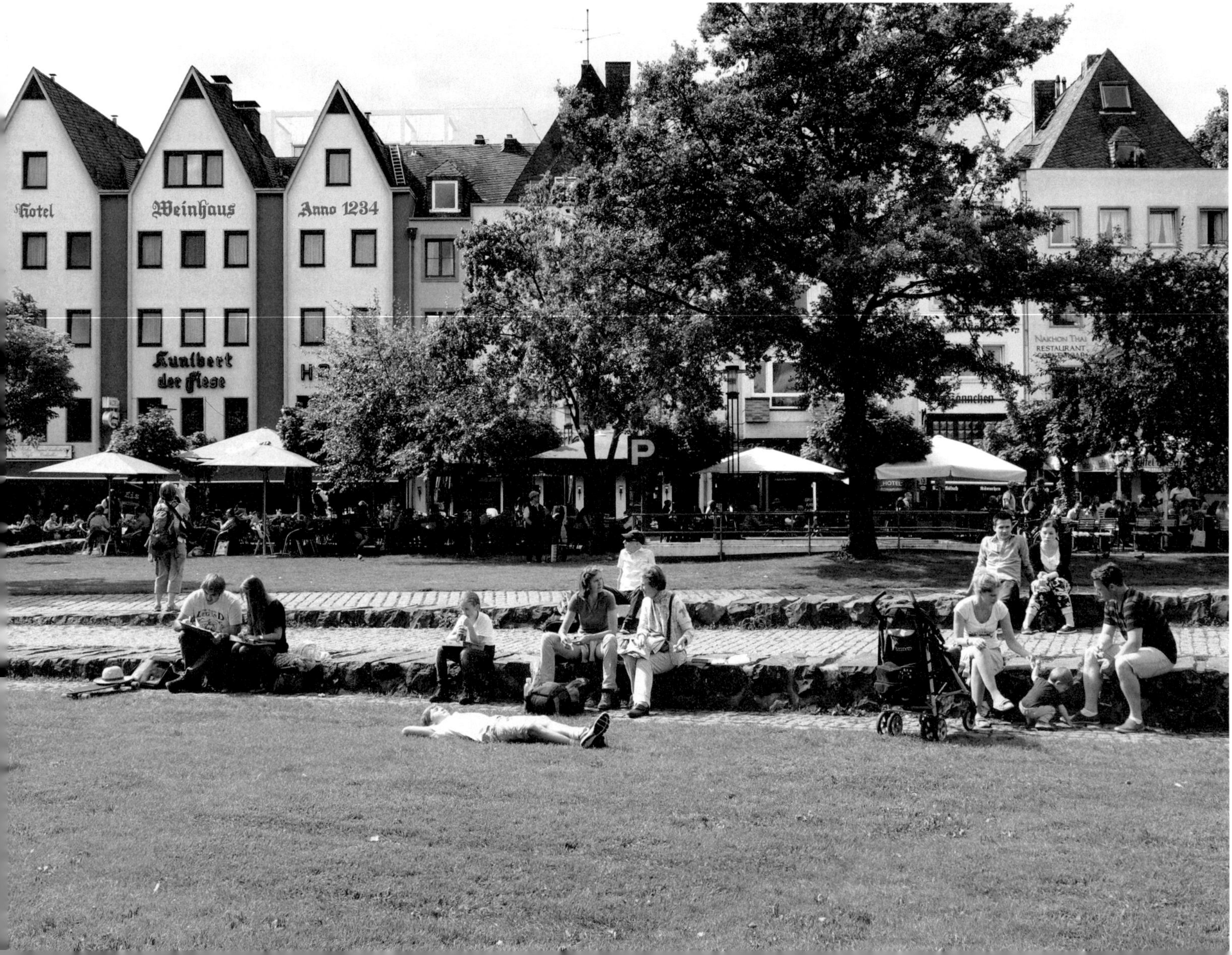

39 Linienfahrtschiff
Rheinufer

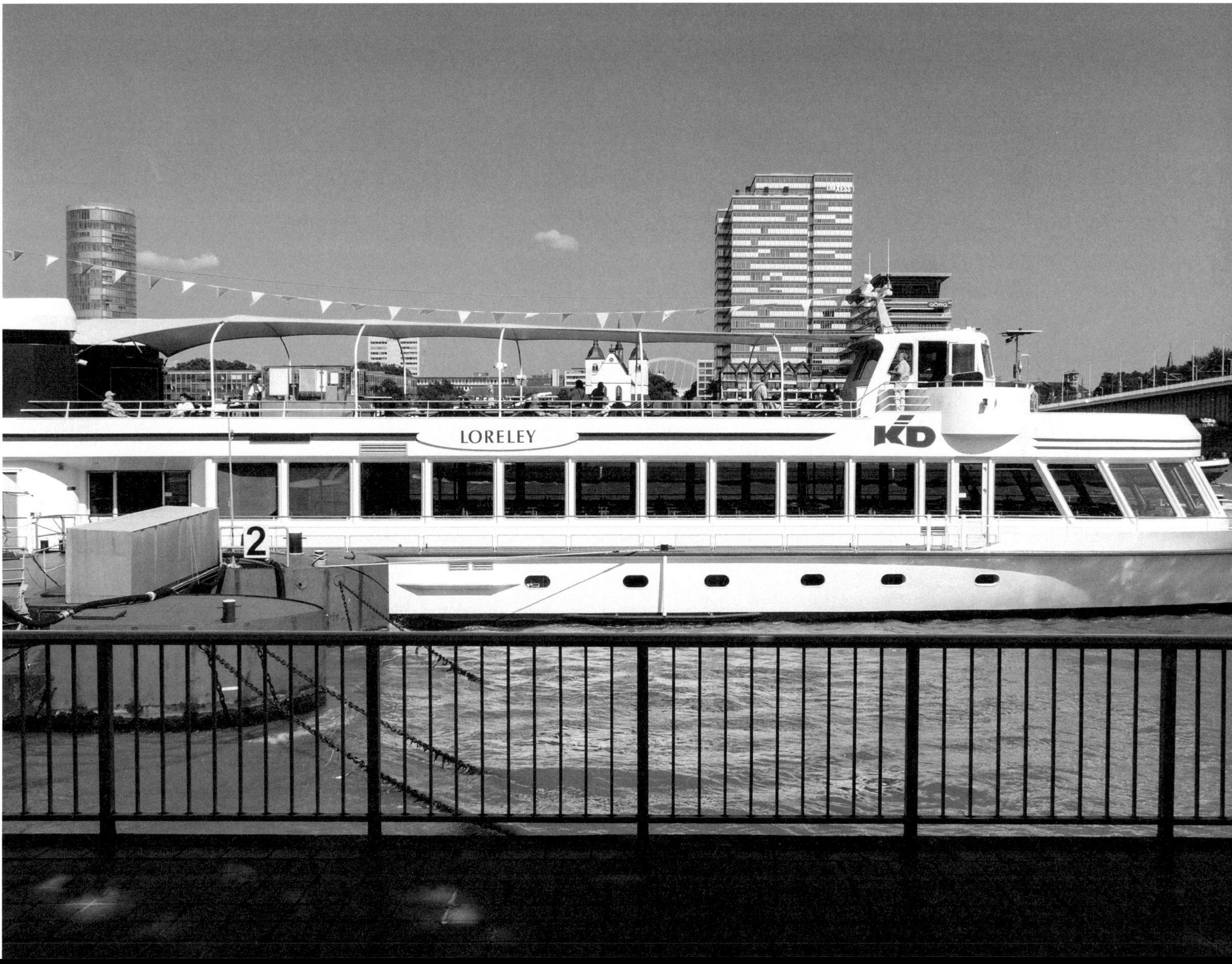

40 Hotel
Maritim
Heumarkt

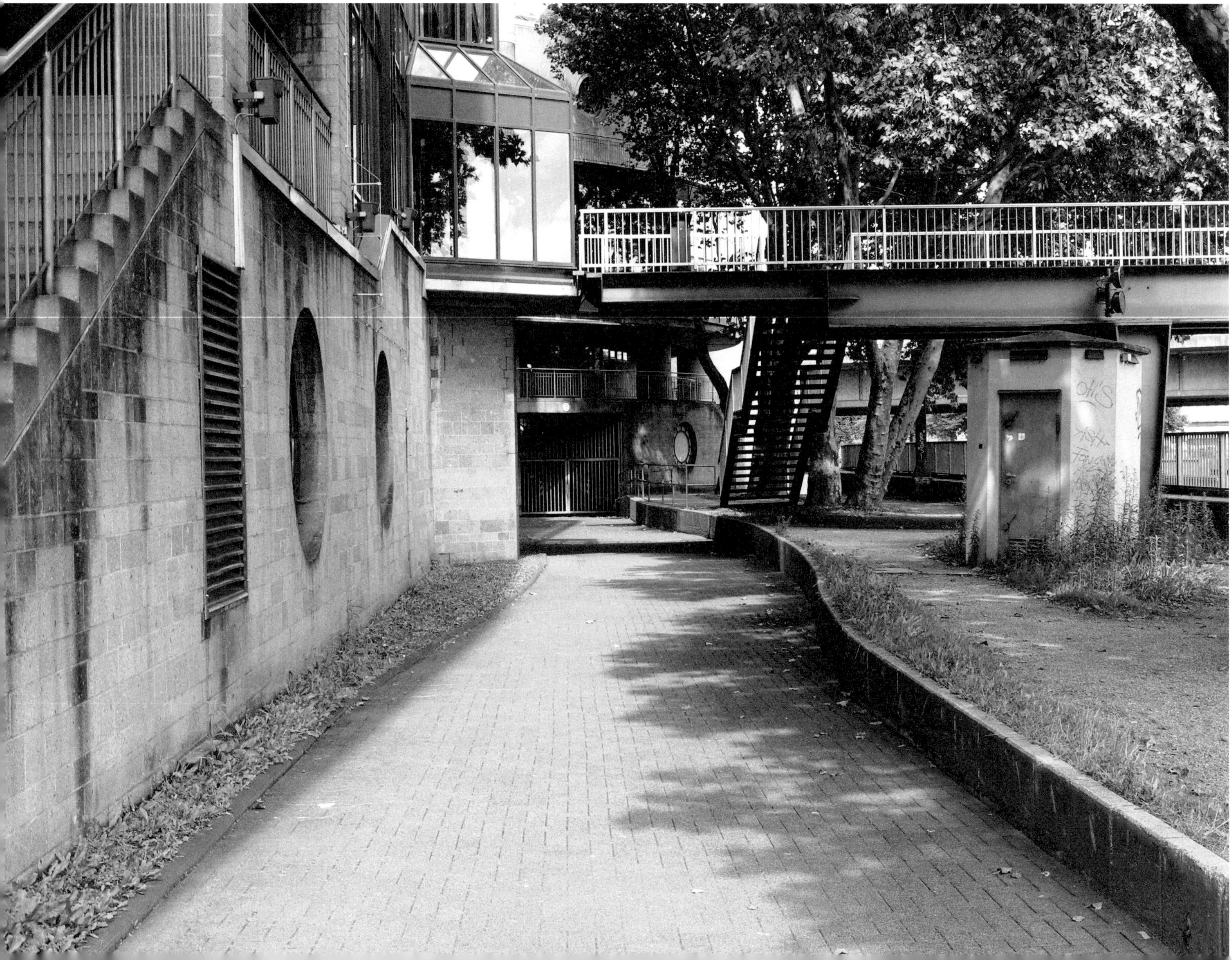

41 Einkaufspassage
Maritim
Heumarkt

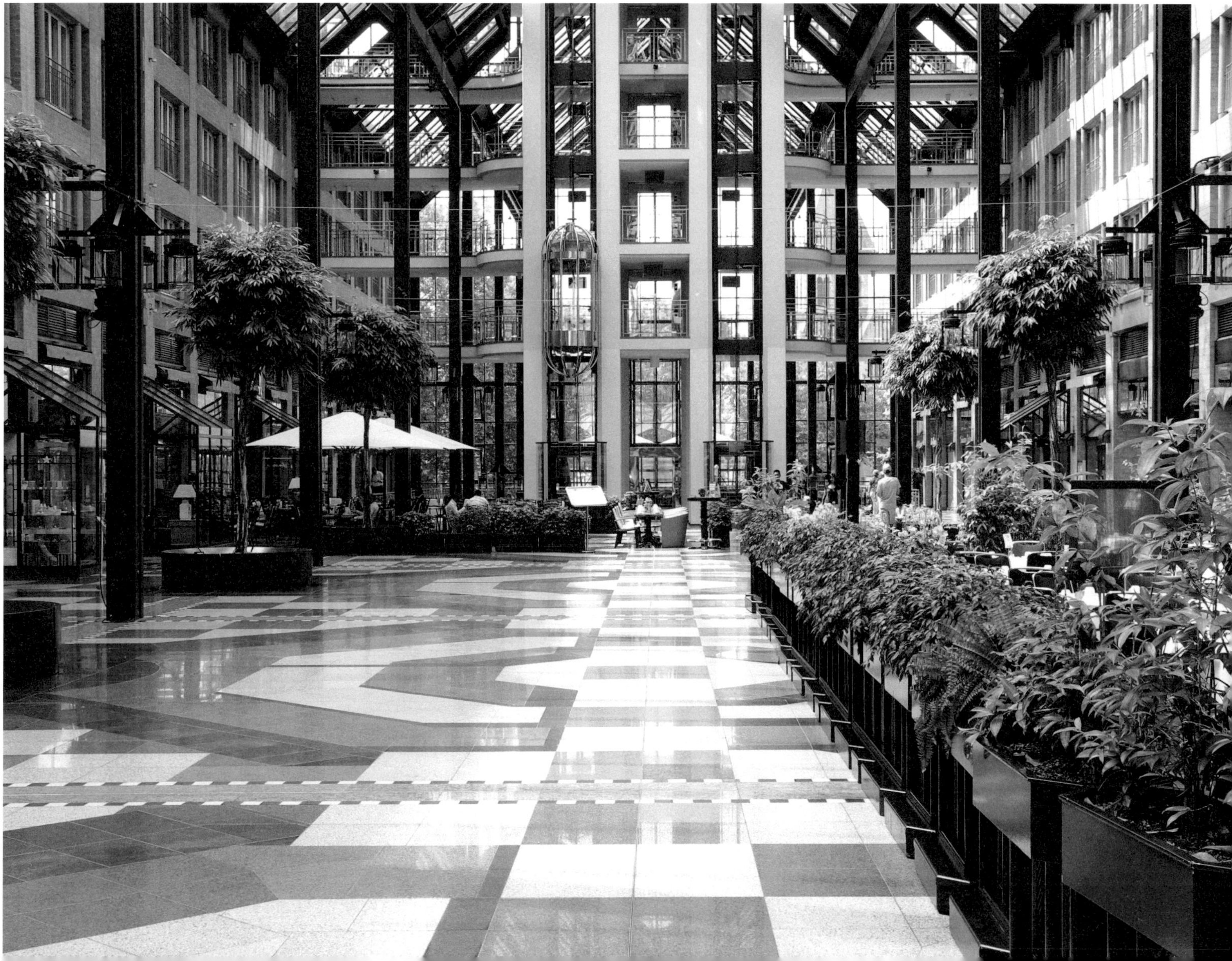

42 Hotel
Maritim
Heumarkt

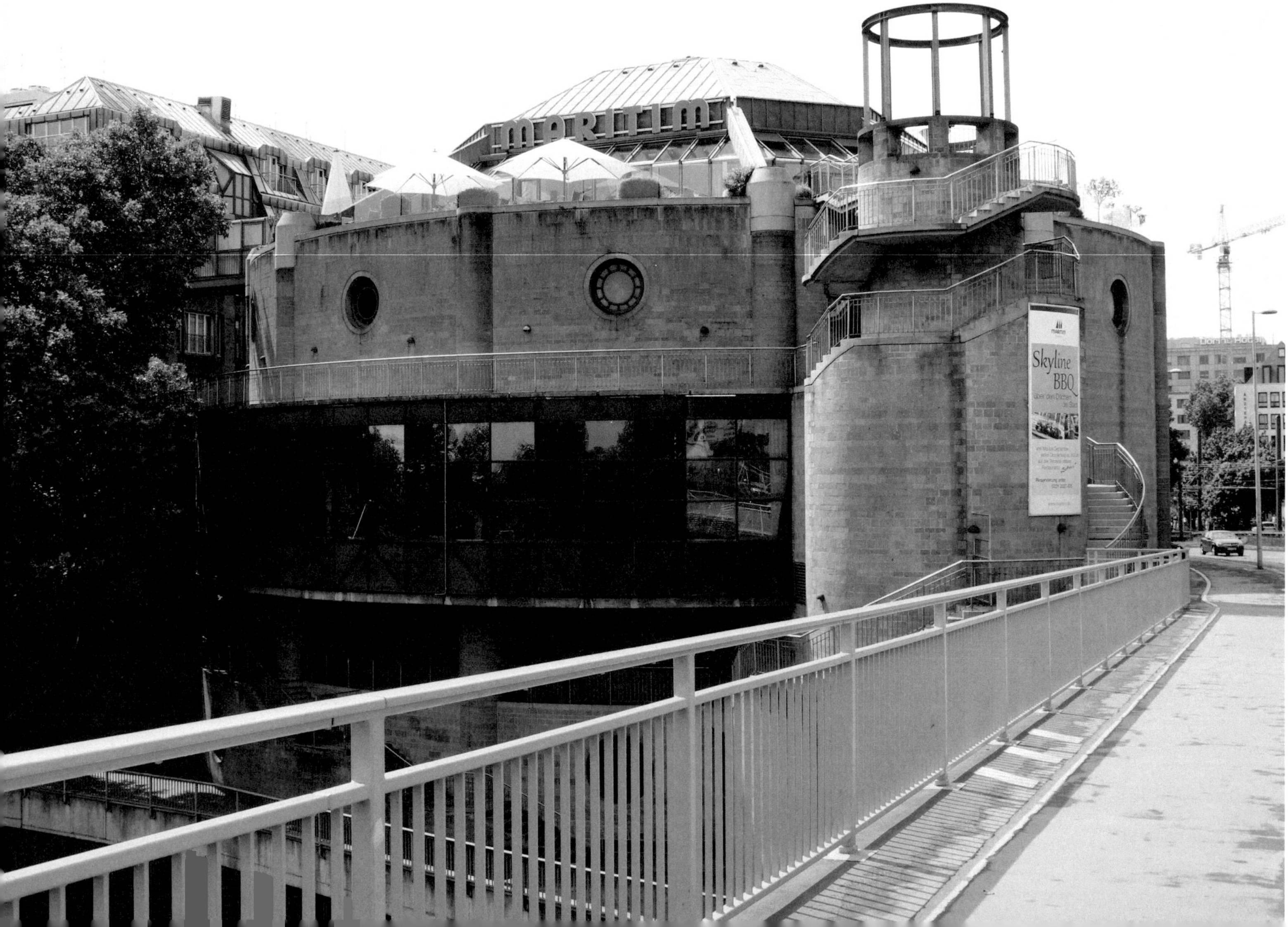

43 Altstadt
Heumarkt

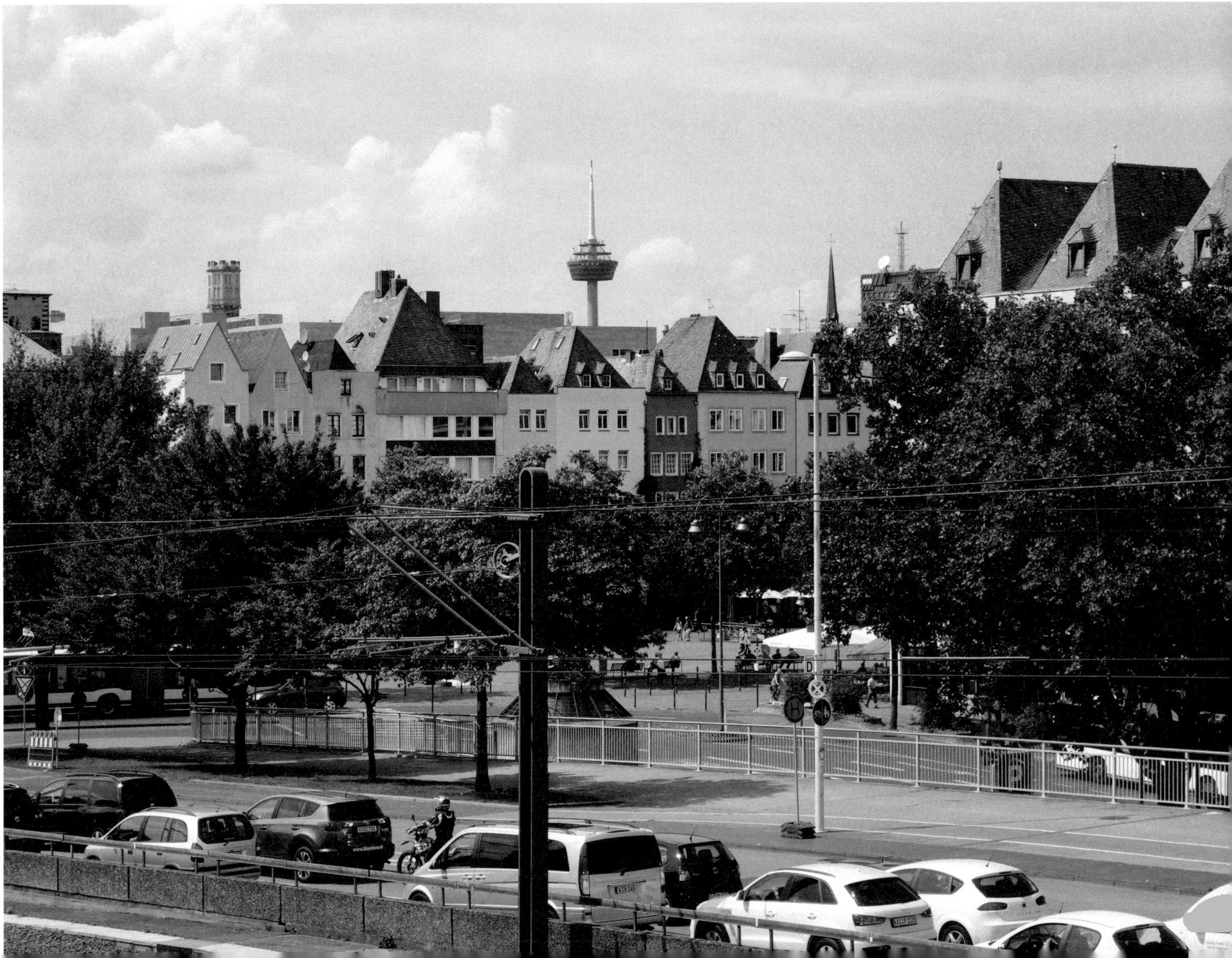

44 Bauprojekt
Gürzenich Quartier
Cäcilienstraße

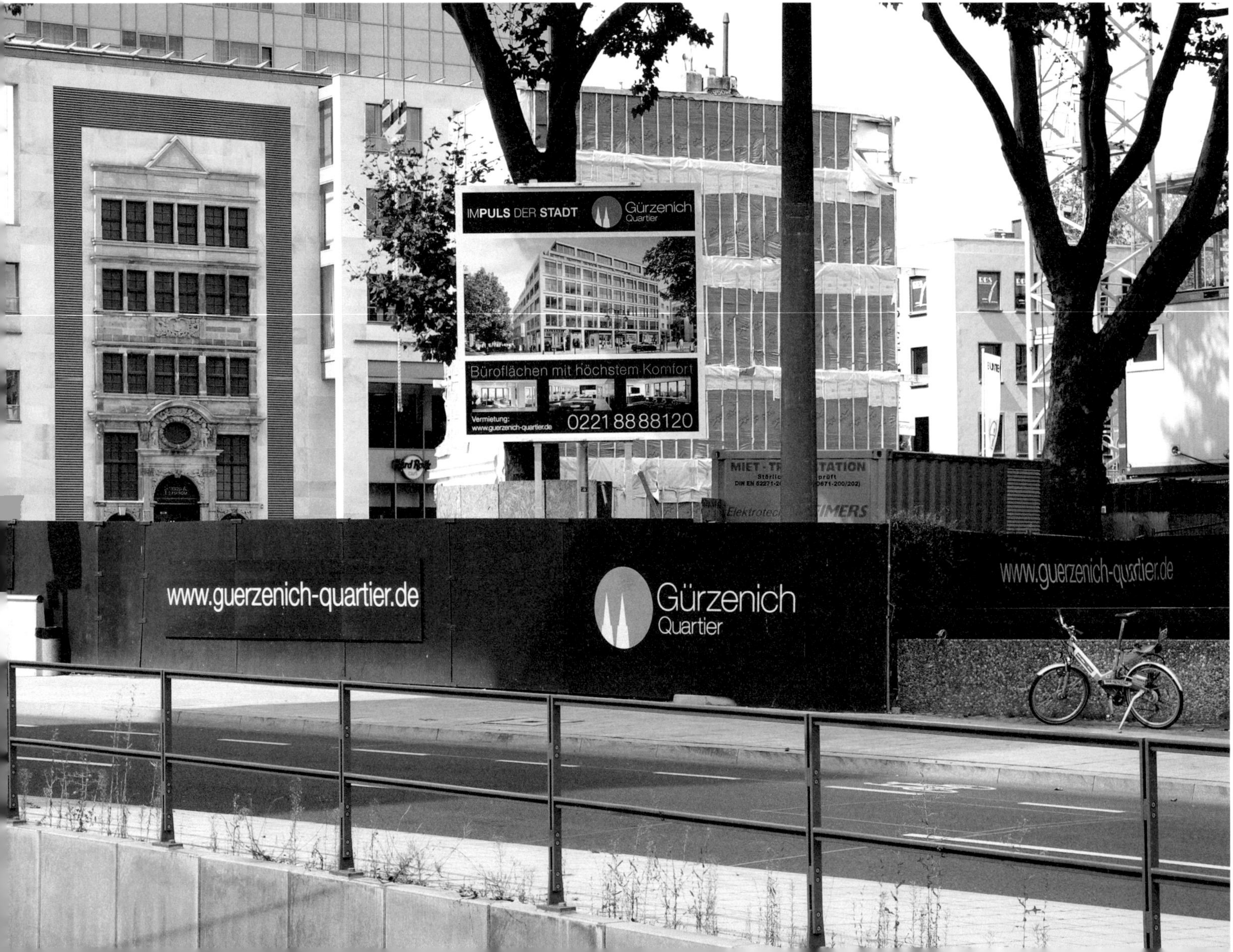

45 Bauprojekt
Gürzenich Quartier
Cäcilienstraße

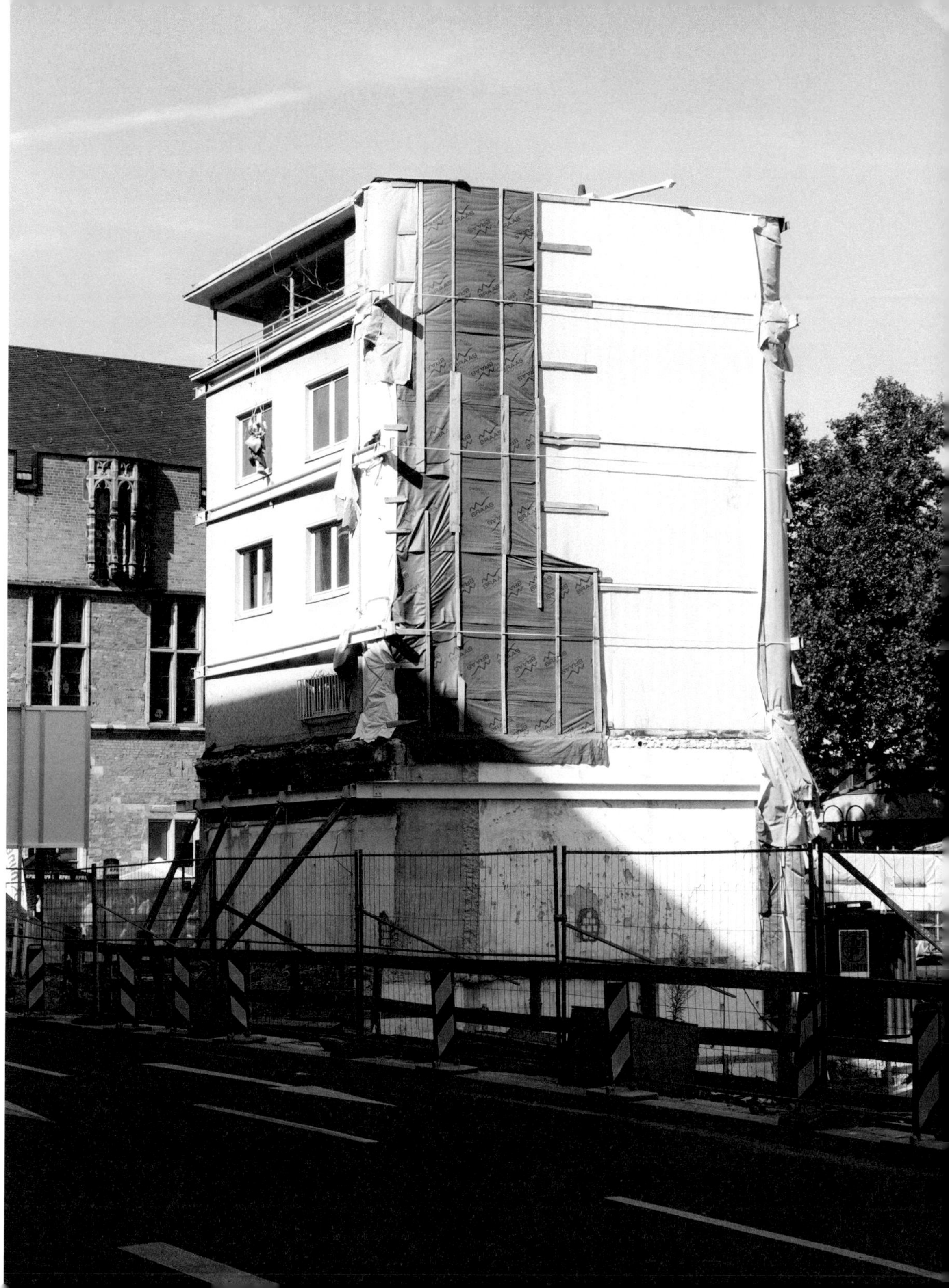

46 Bauprojekt
Gürzenich Quartier
Gürzenichstraße

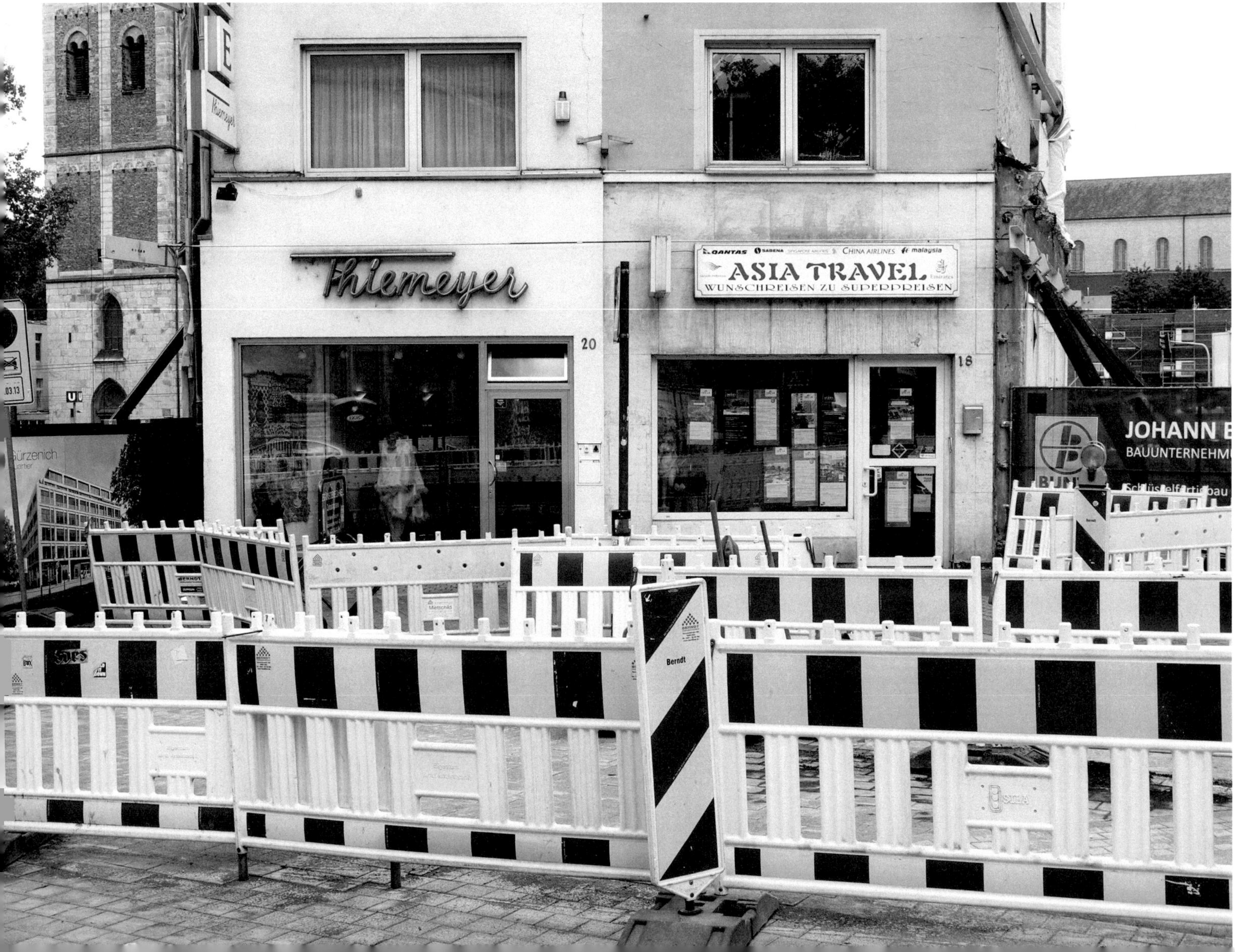

47 Bürogebäude
Gürzenichstraße

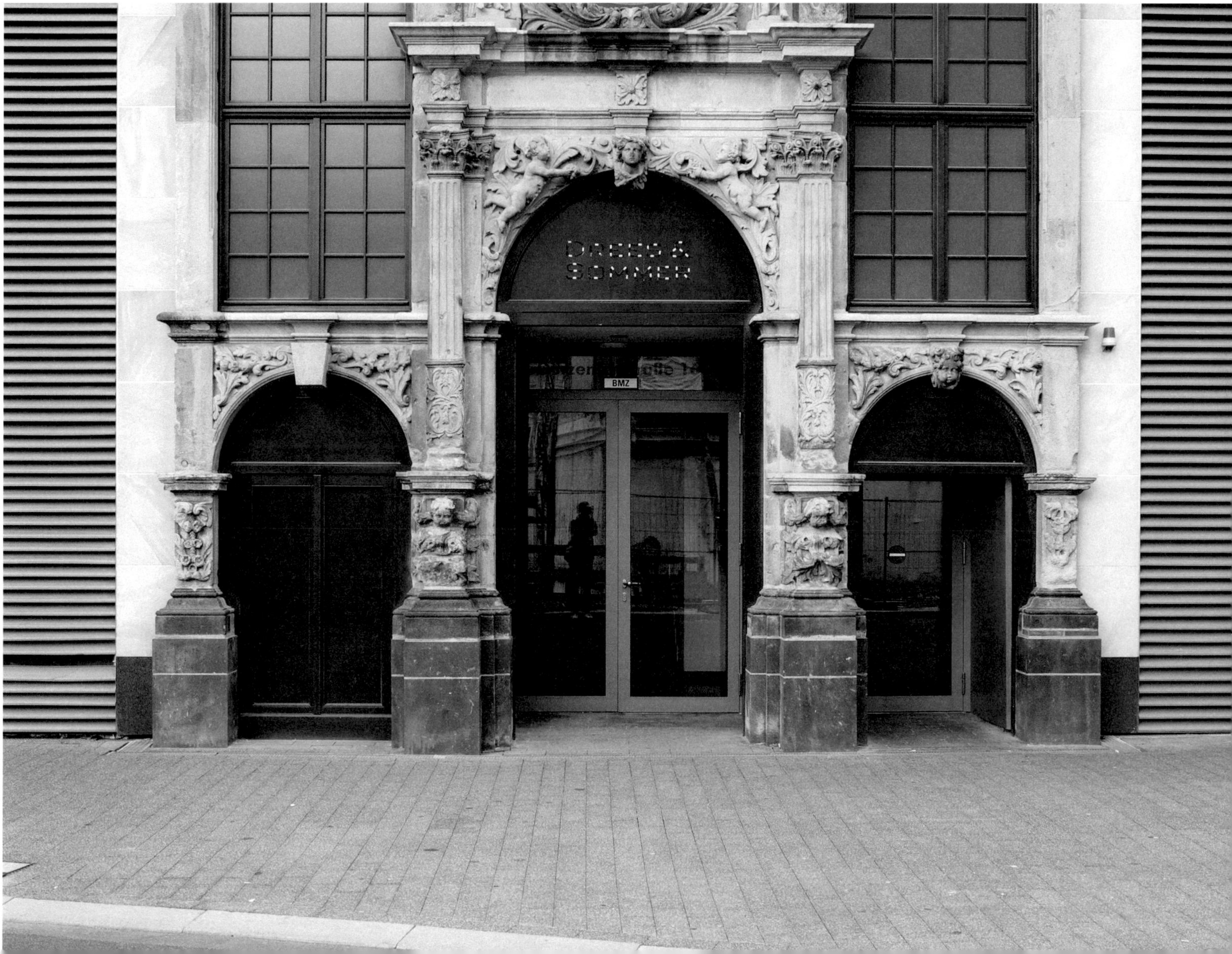

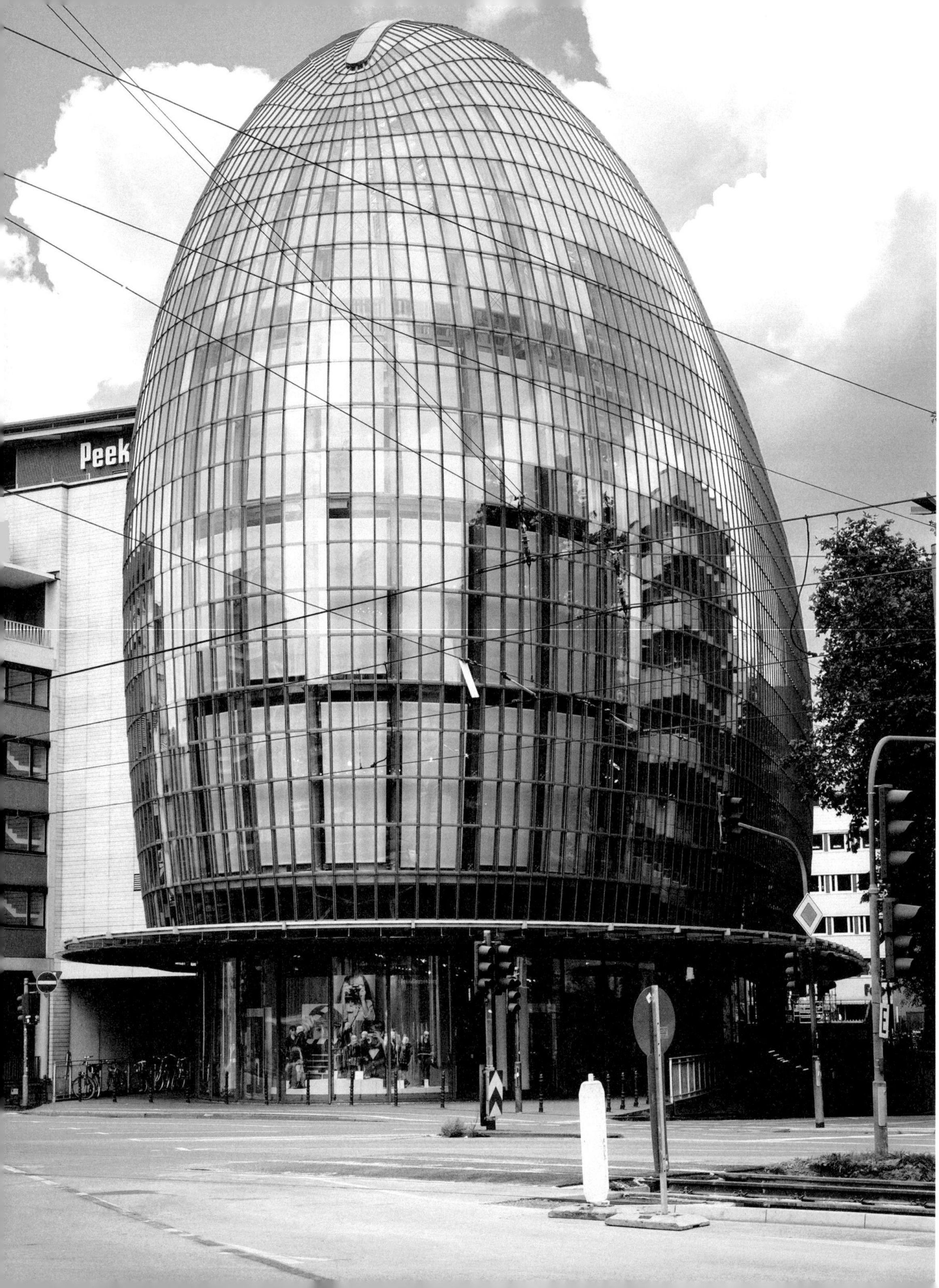

48 Kaufhaus Weltstadthaus Cäcilienstraße

49 U-Bahnstation Heumarkt
Cäcilienstraße

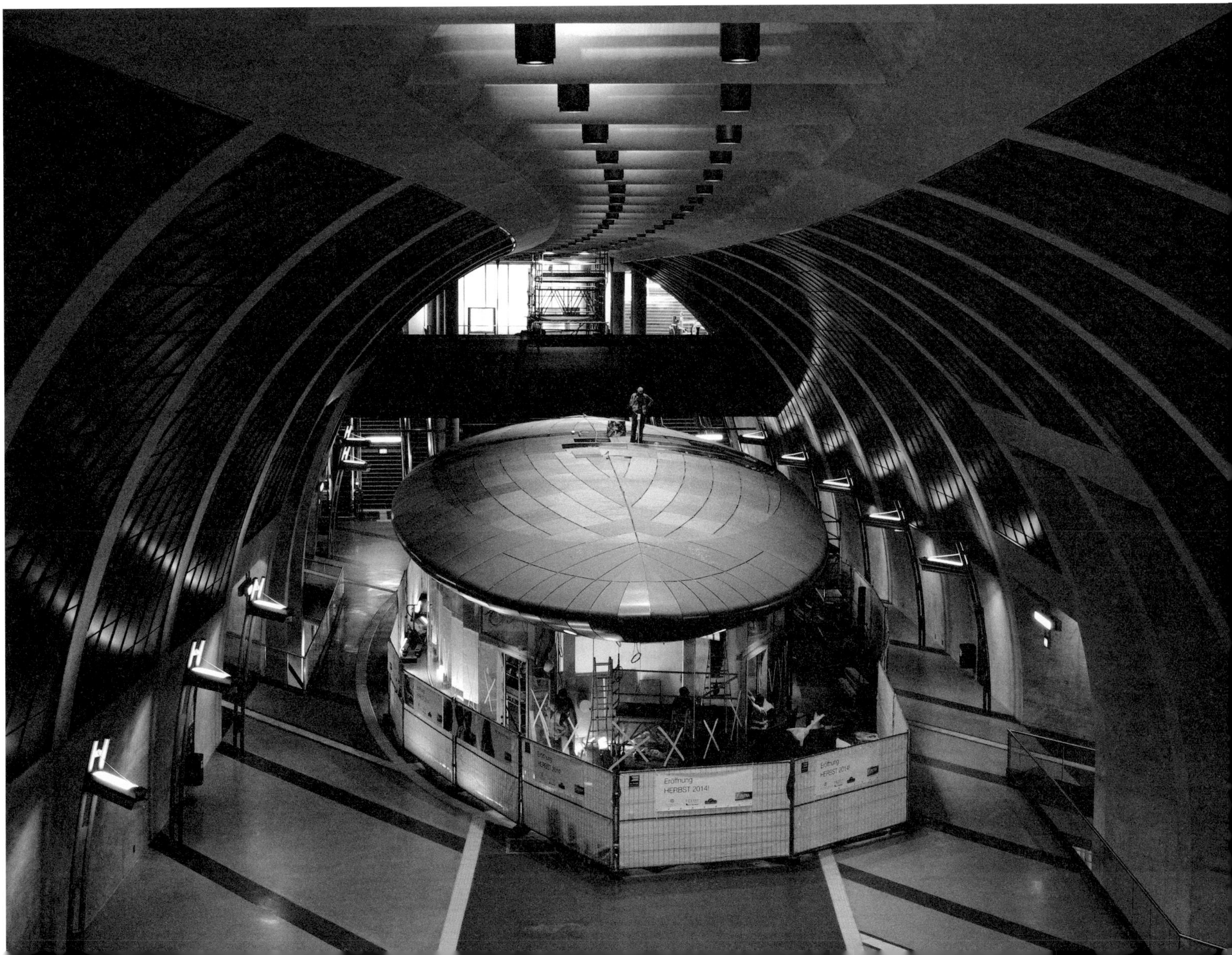

Besichtigungsbauwerk
Historisches Stadtarchiv
Waidmarkt

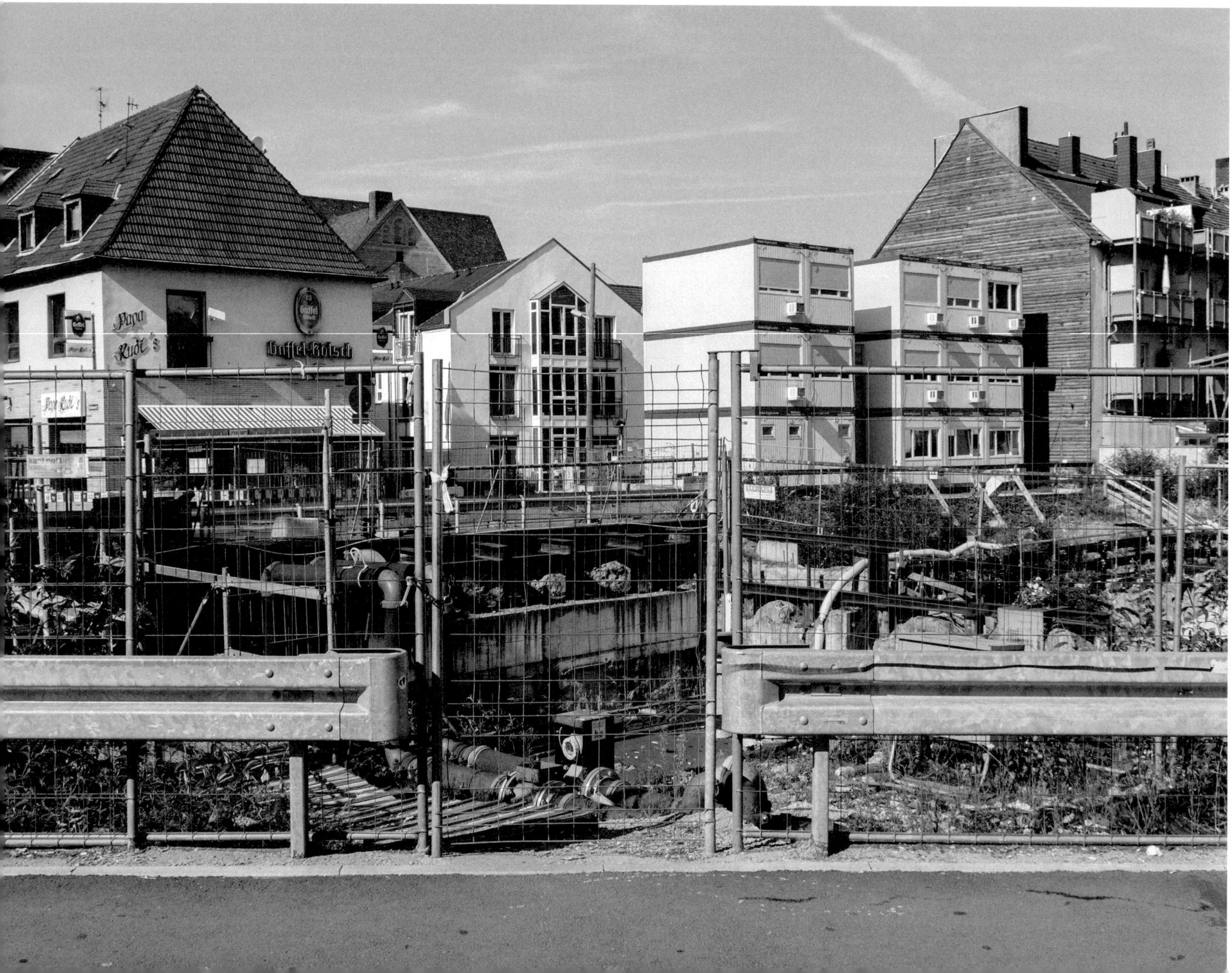

51 Besichtigungsbauwerk
Historisches Stadtarchiv
Waidmarkt

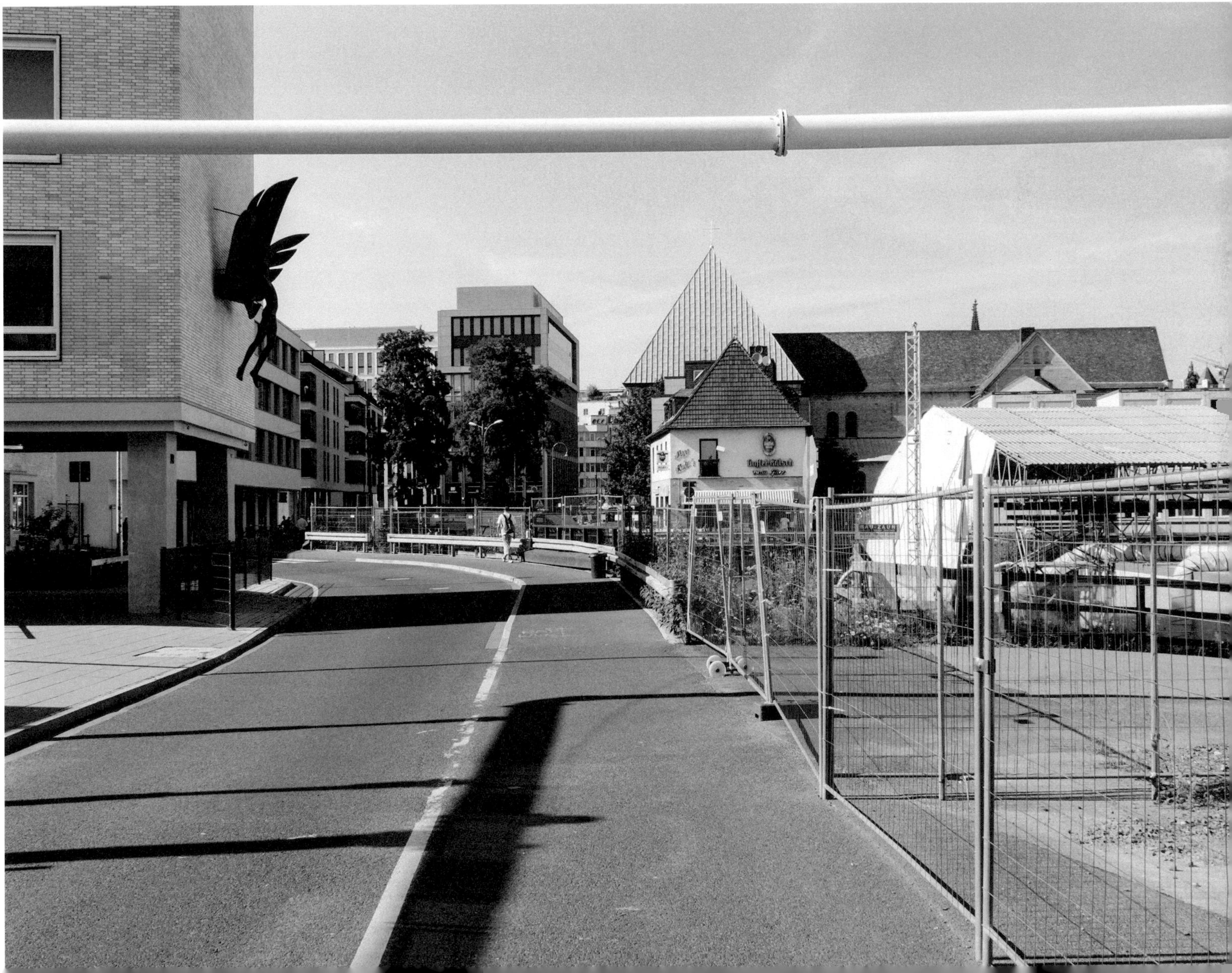

52 Befestigungsanlage
Am Bayenturm

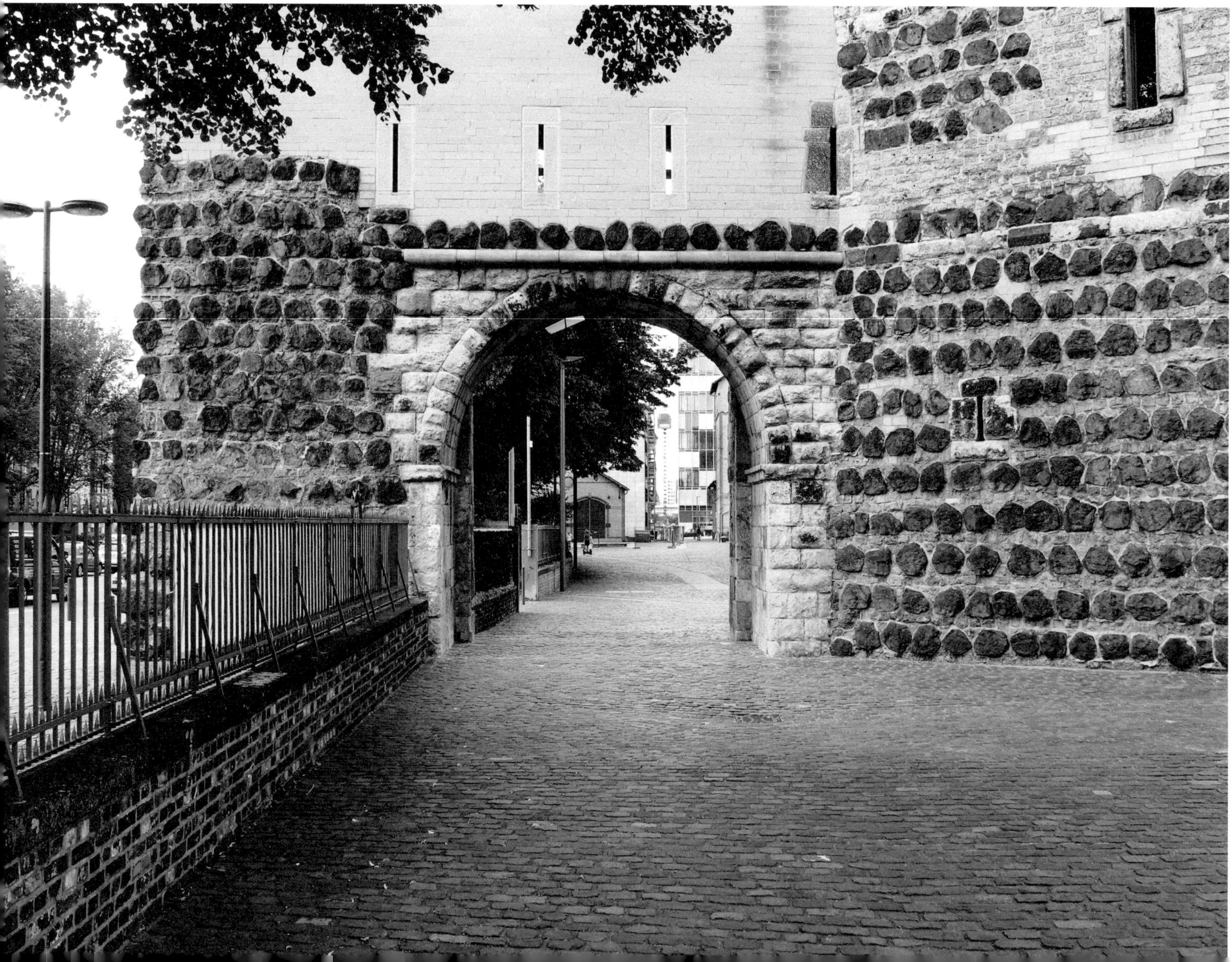

53 Bürogebäude
Kranhaus Eins
Im Zollhafen

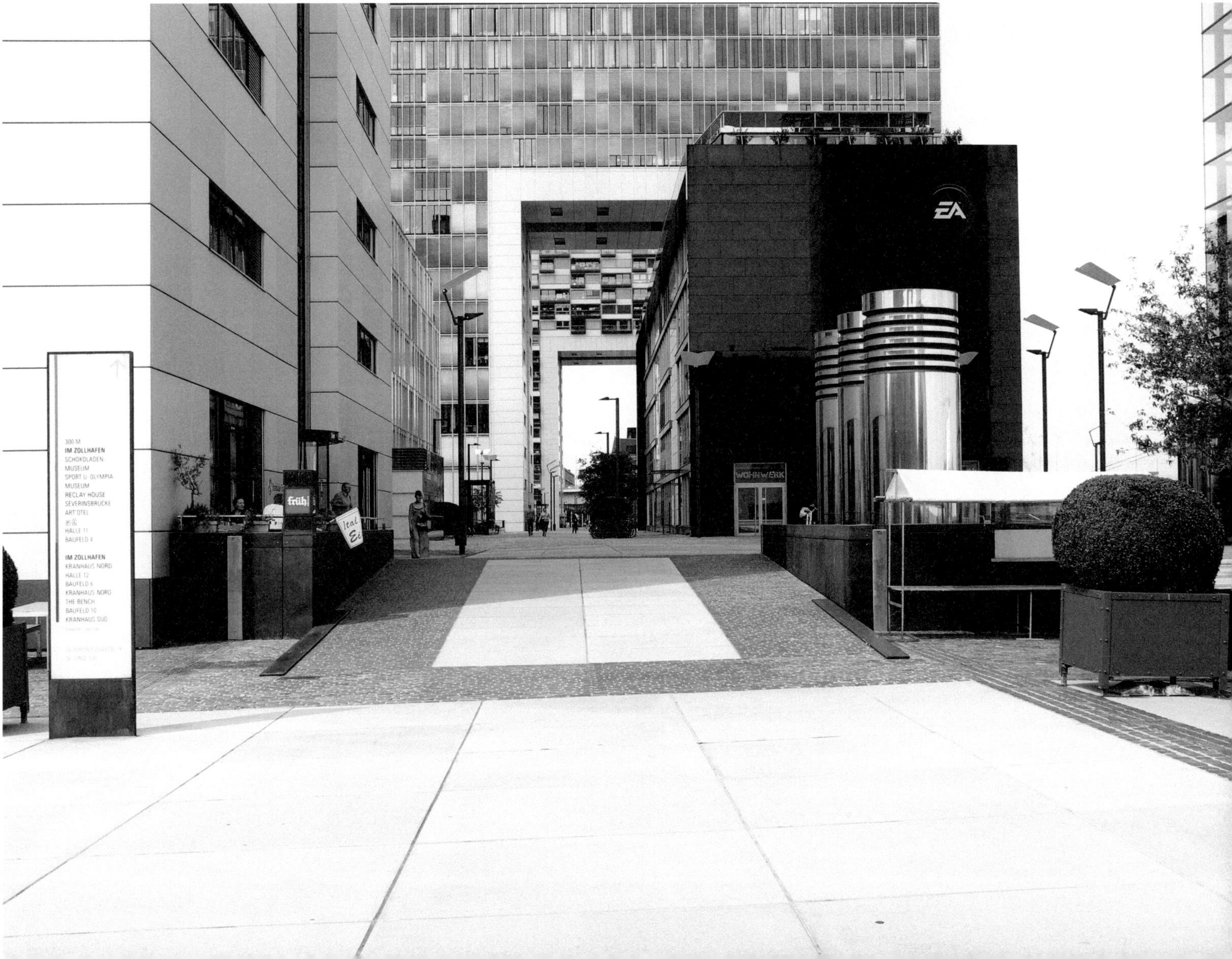

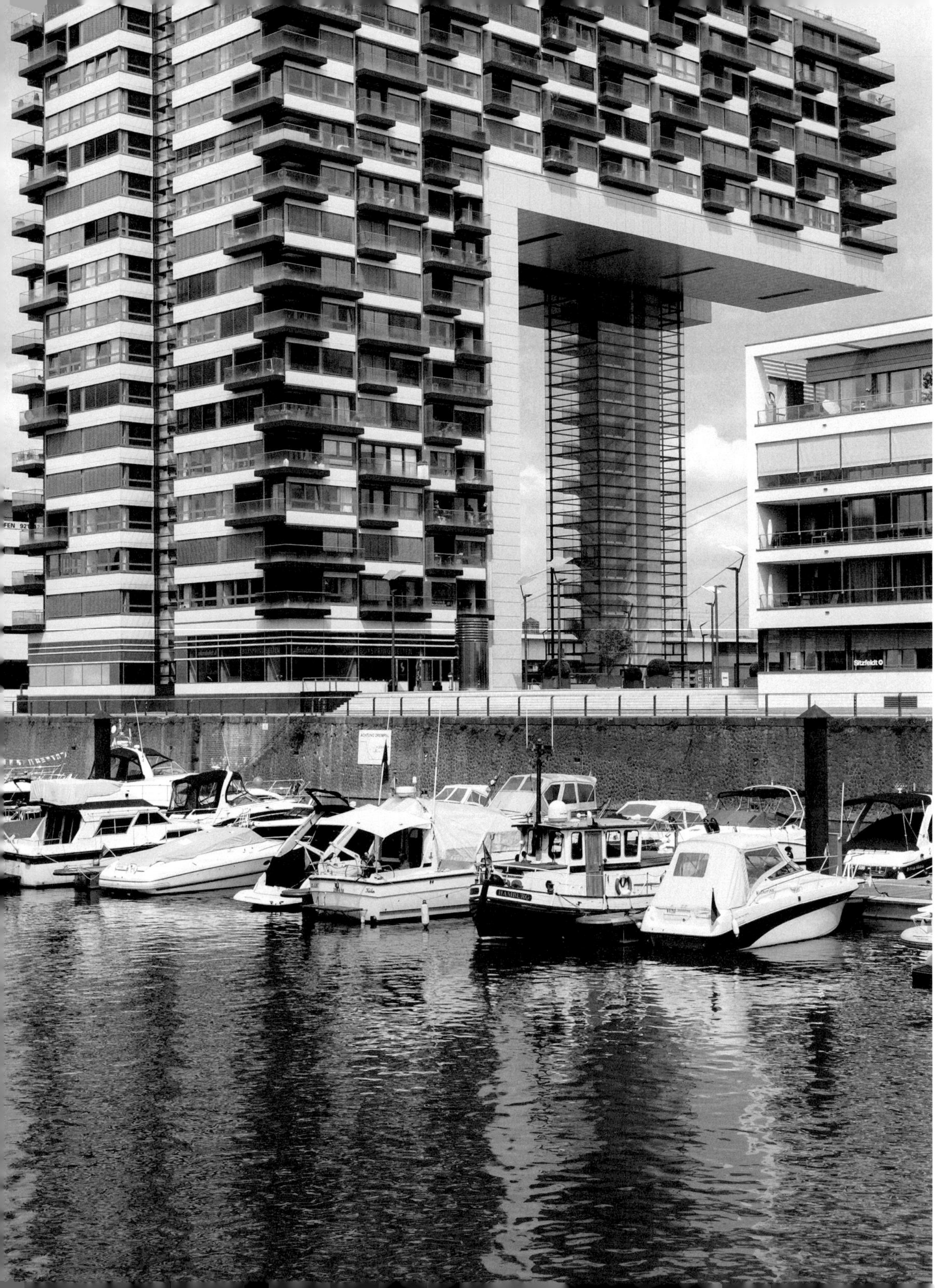

54 Wohnhaus
Kranhaus Nord
Im Zollhafen

55 Denkmal
Verladekran
Im Zollhafen

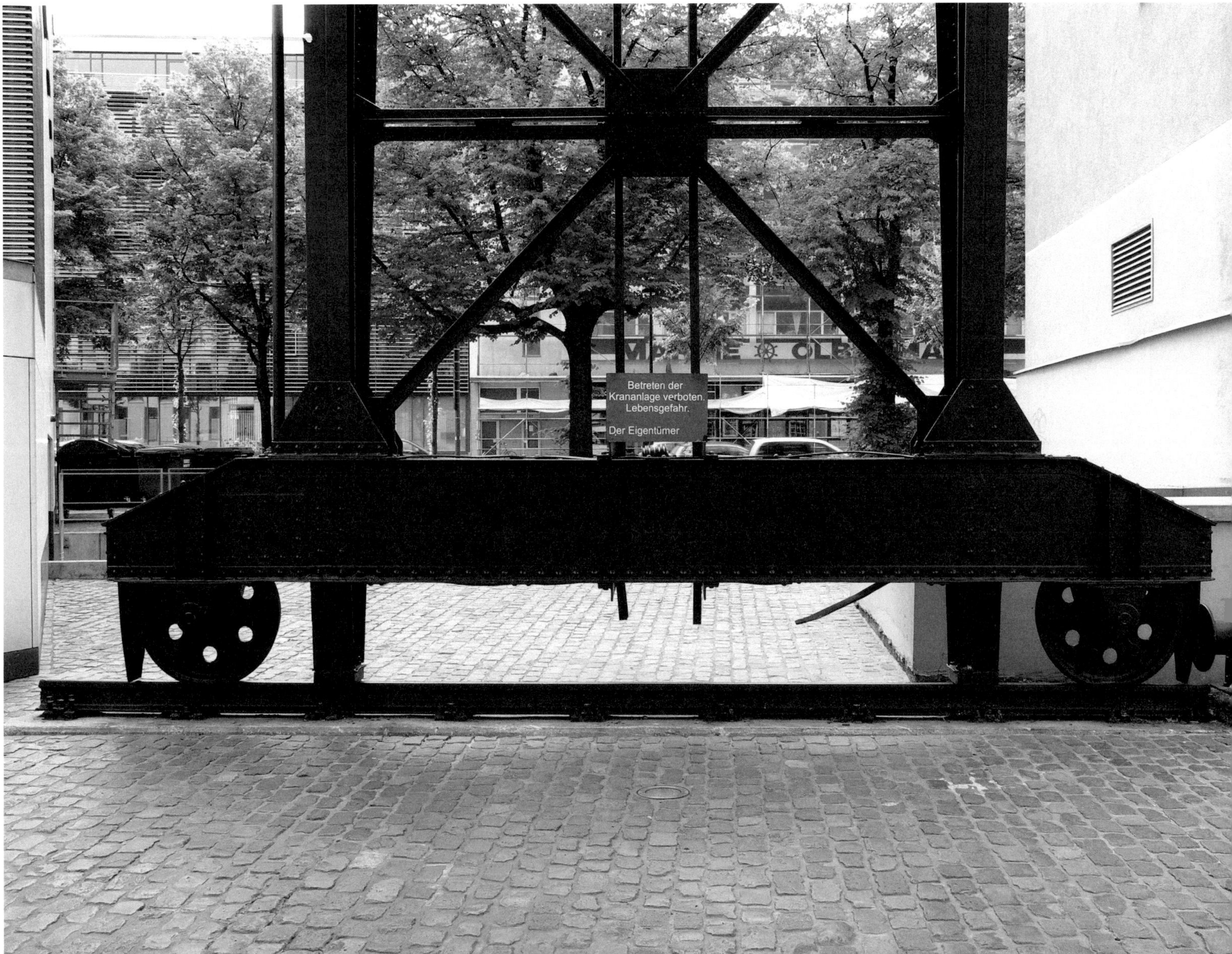

56 Tiefgarage
Rheinauhafen

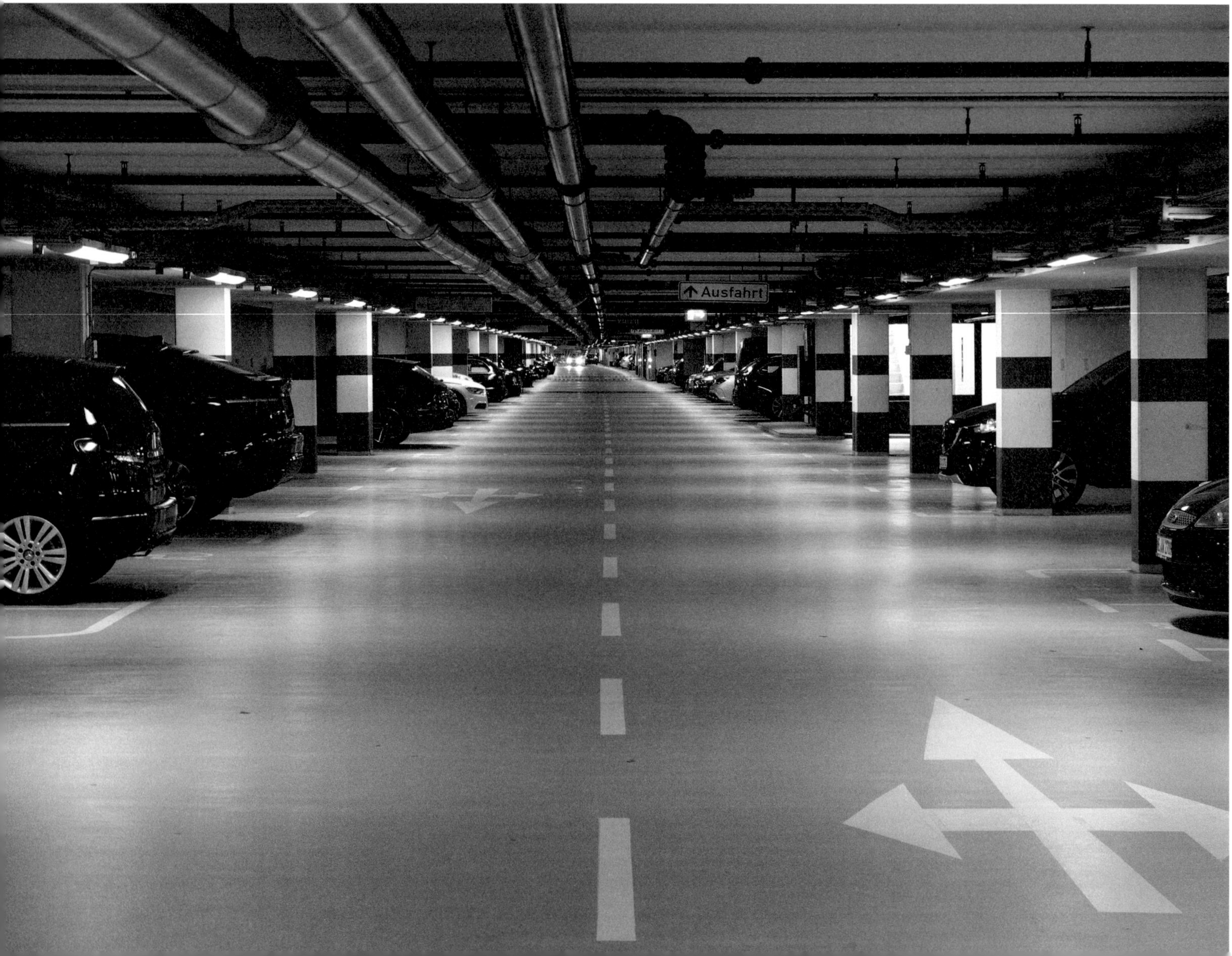

57 Tiefgaragenzugang
Rheinauhafen

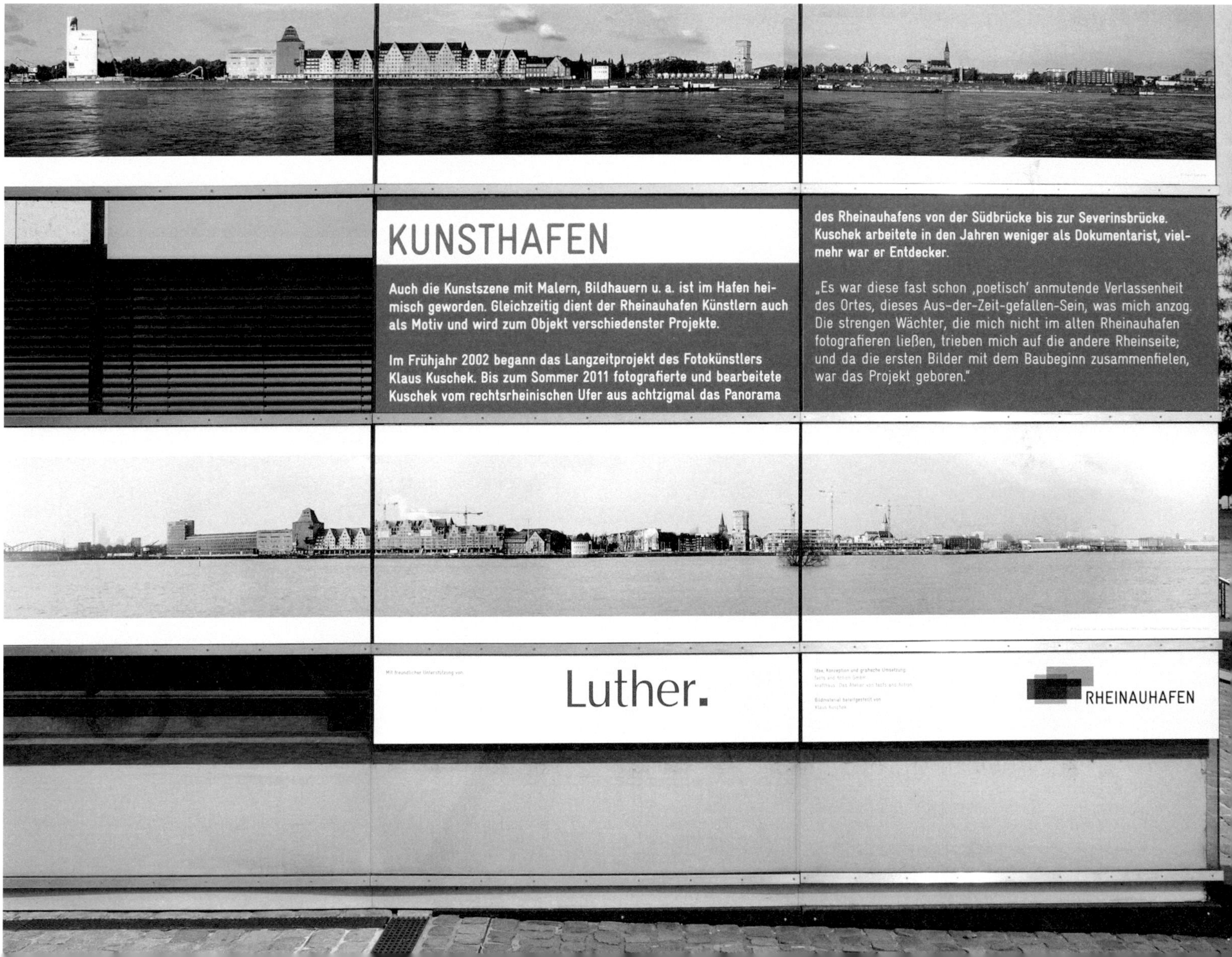

58 Containerschiff
Rheinauhafen

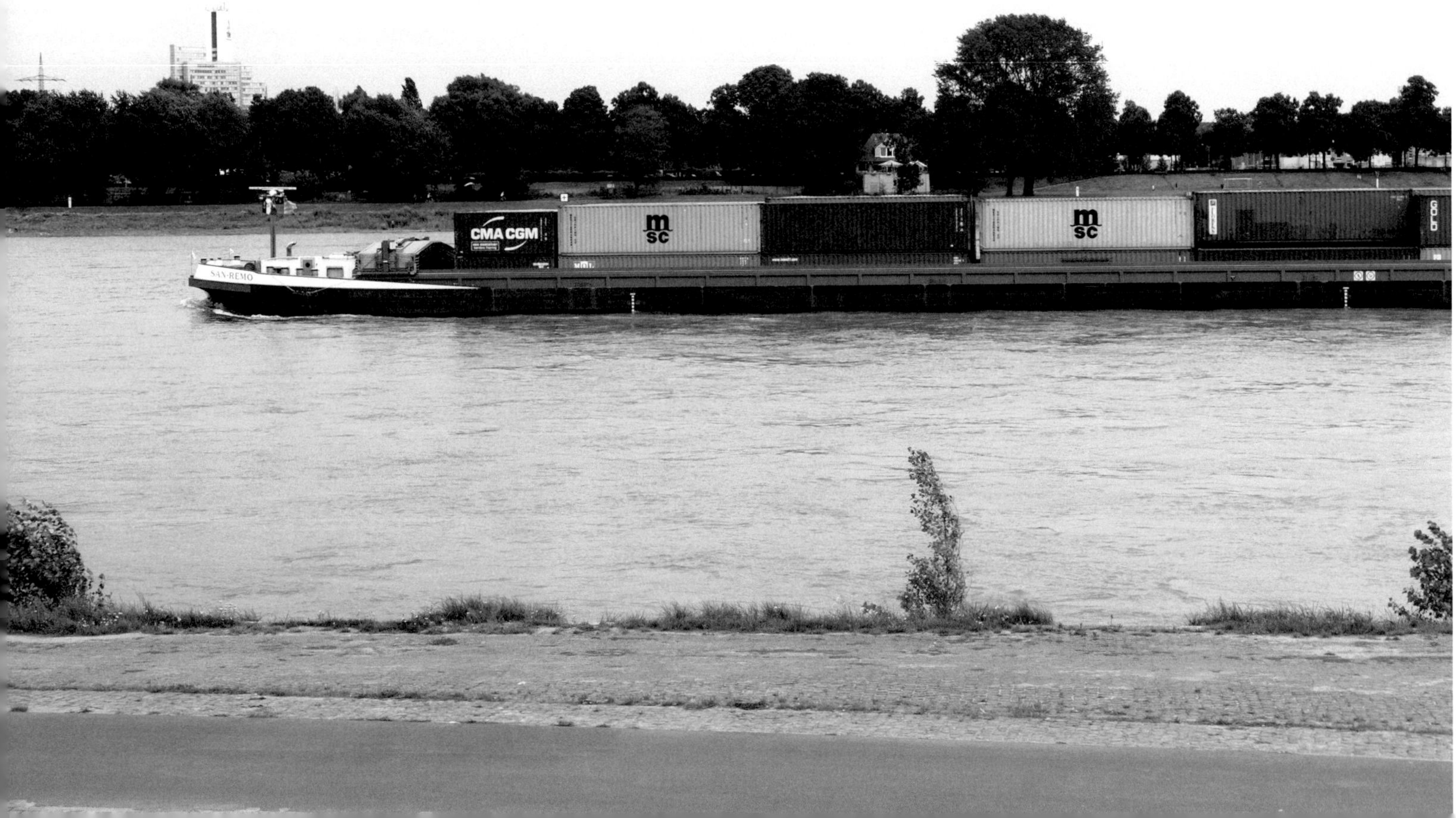

59 Kunst am Bau
Rheinauhafen

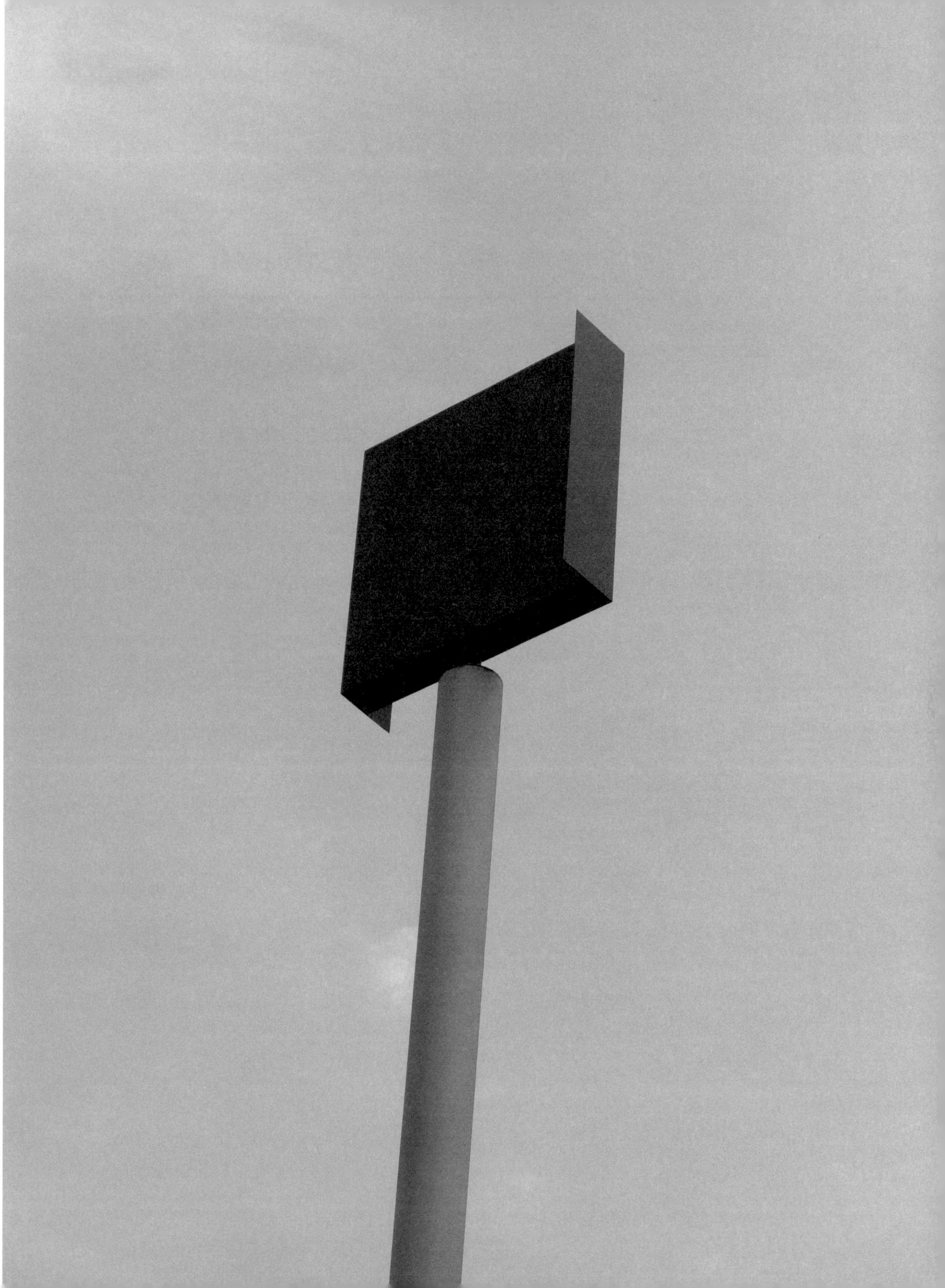

60 Industriebau
Ellmühle
Deutzer Hafen

61 Skatepark
Agrippinawerft

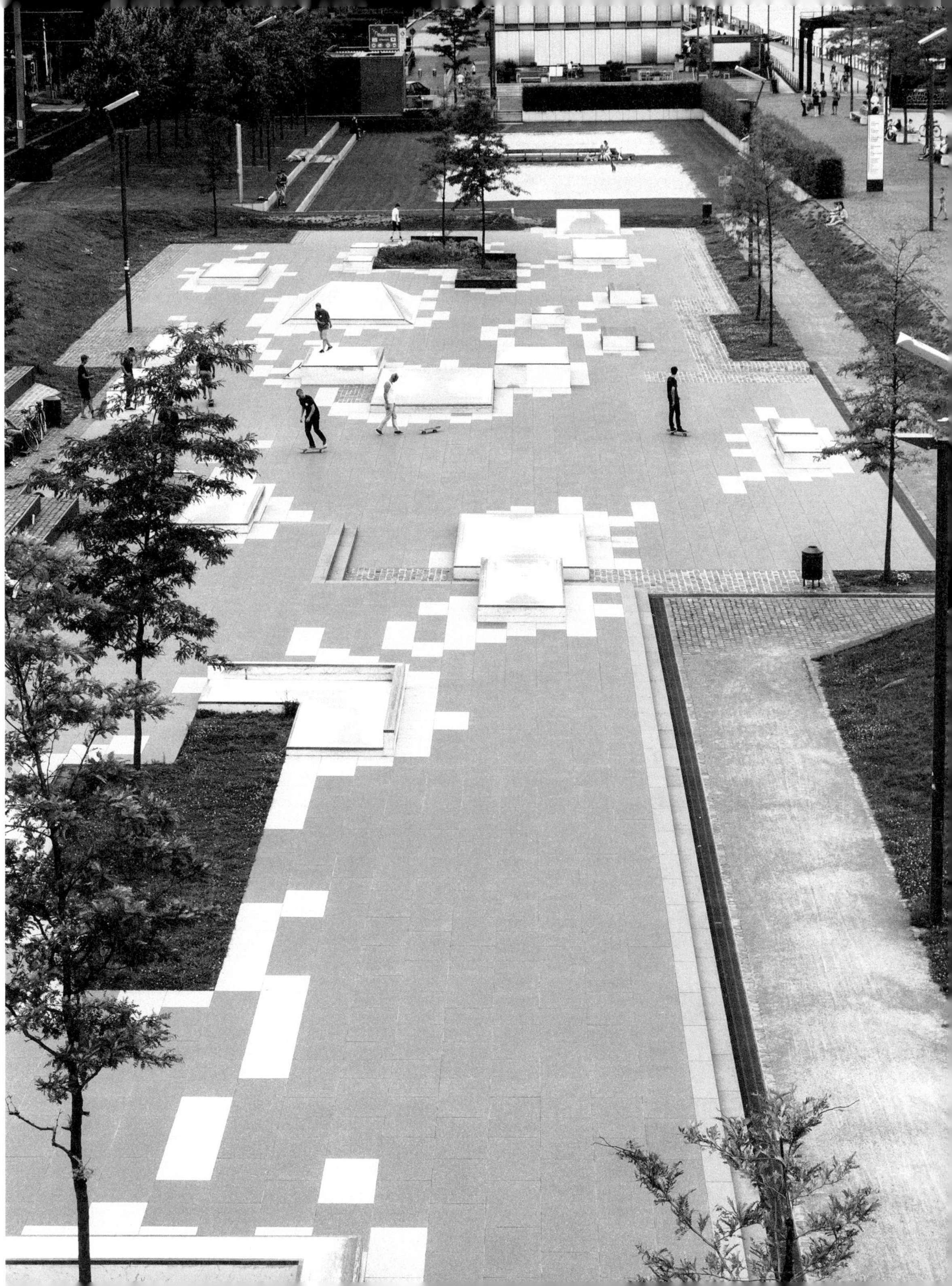

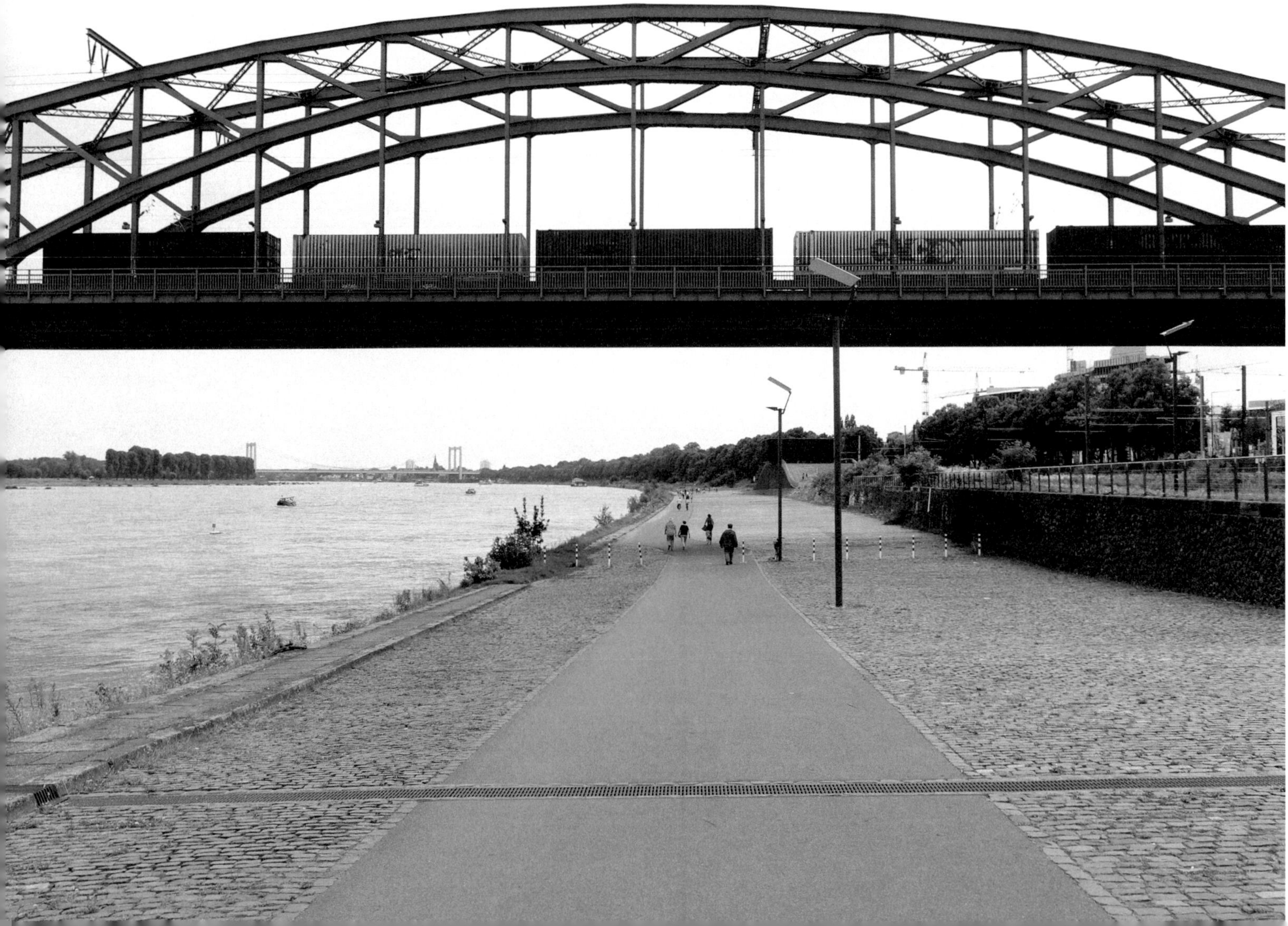

63 Hochwasserpumpanlage
Oberländer Werft

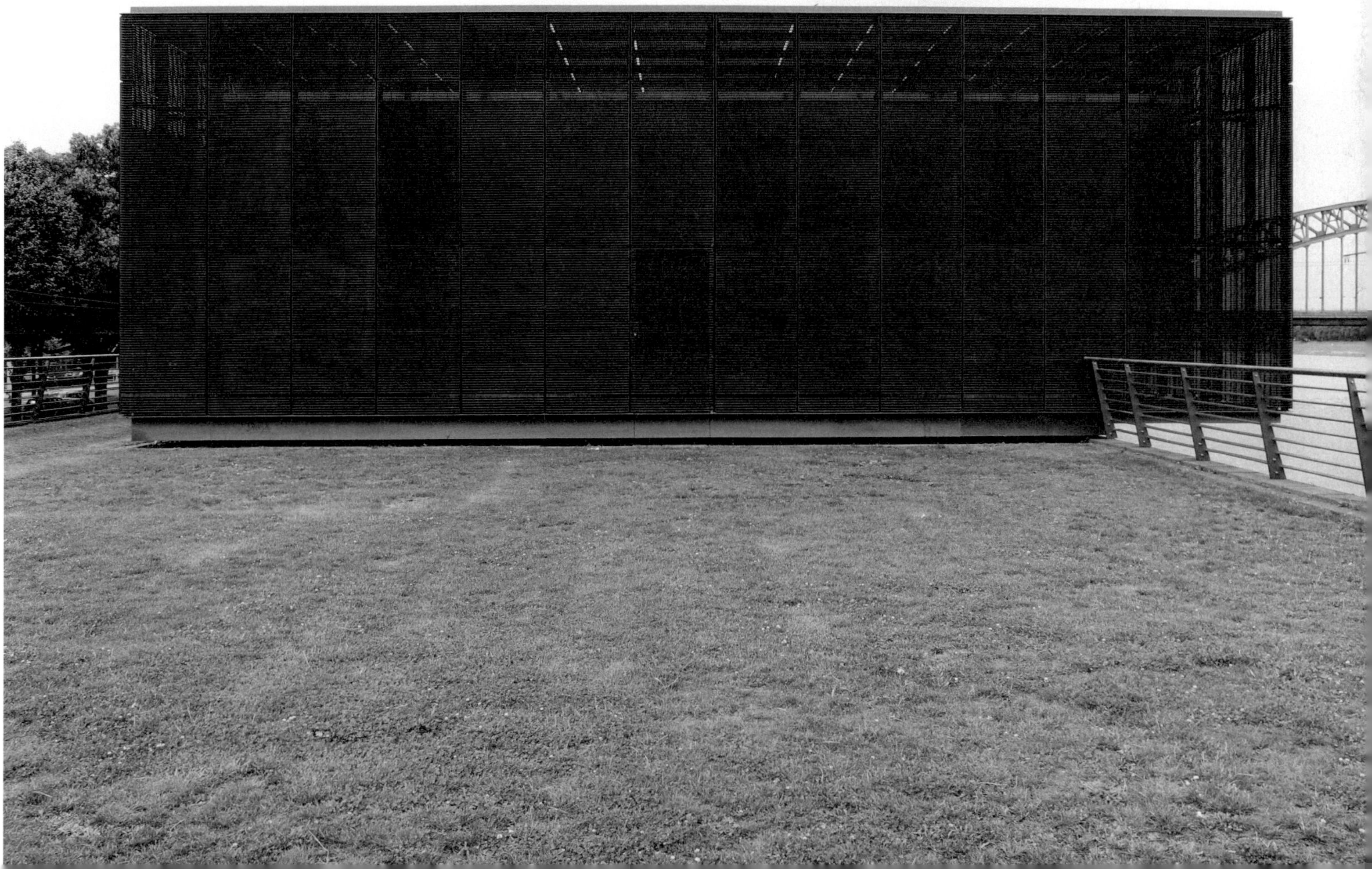

64 Bürogebäude
BDI
Gustav-Heinemann-Ufer

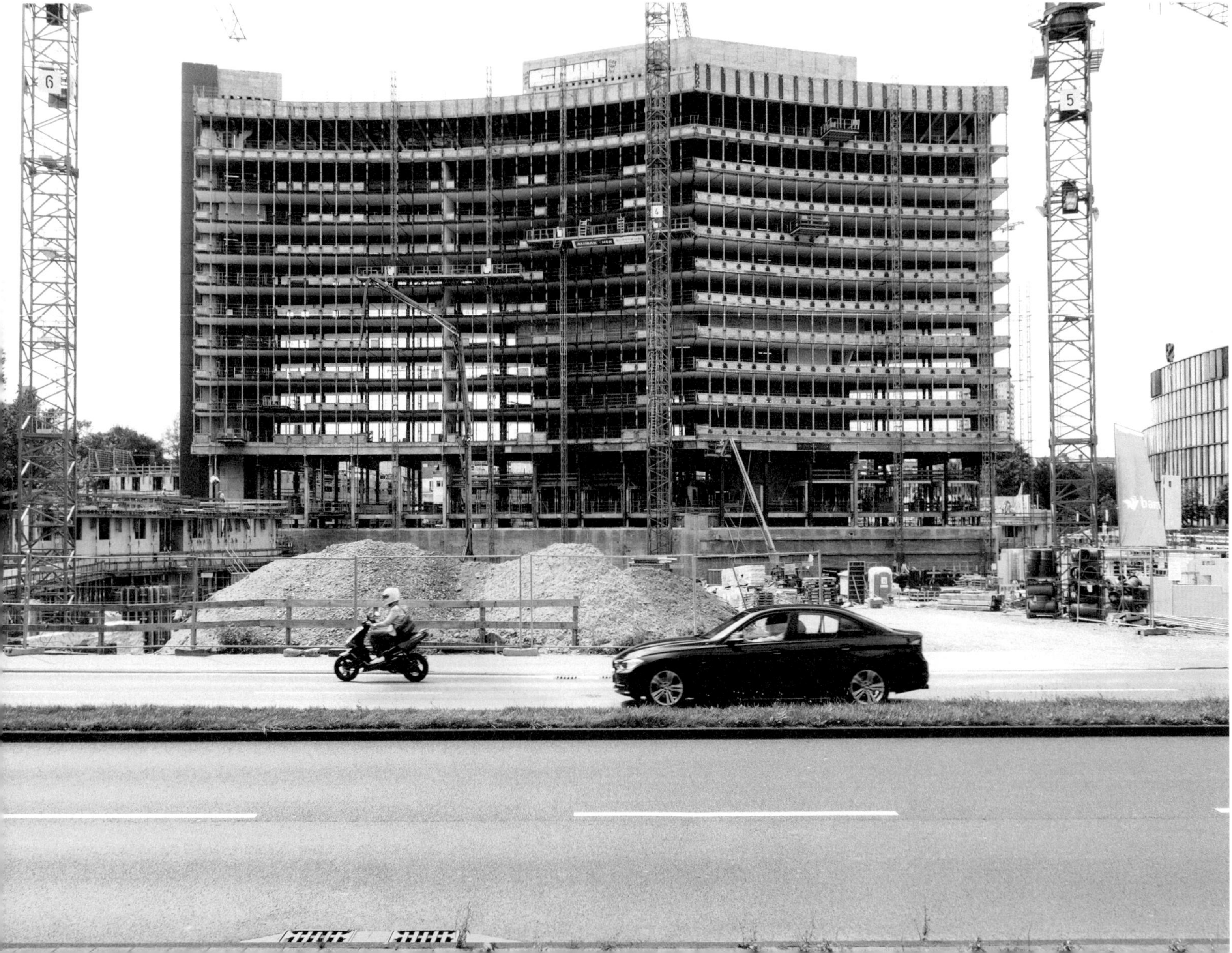

65 Bürogebäude
Cologne Oval Offices
Gustav-Heinemann-Ufer

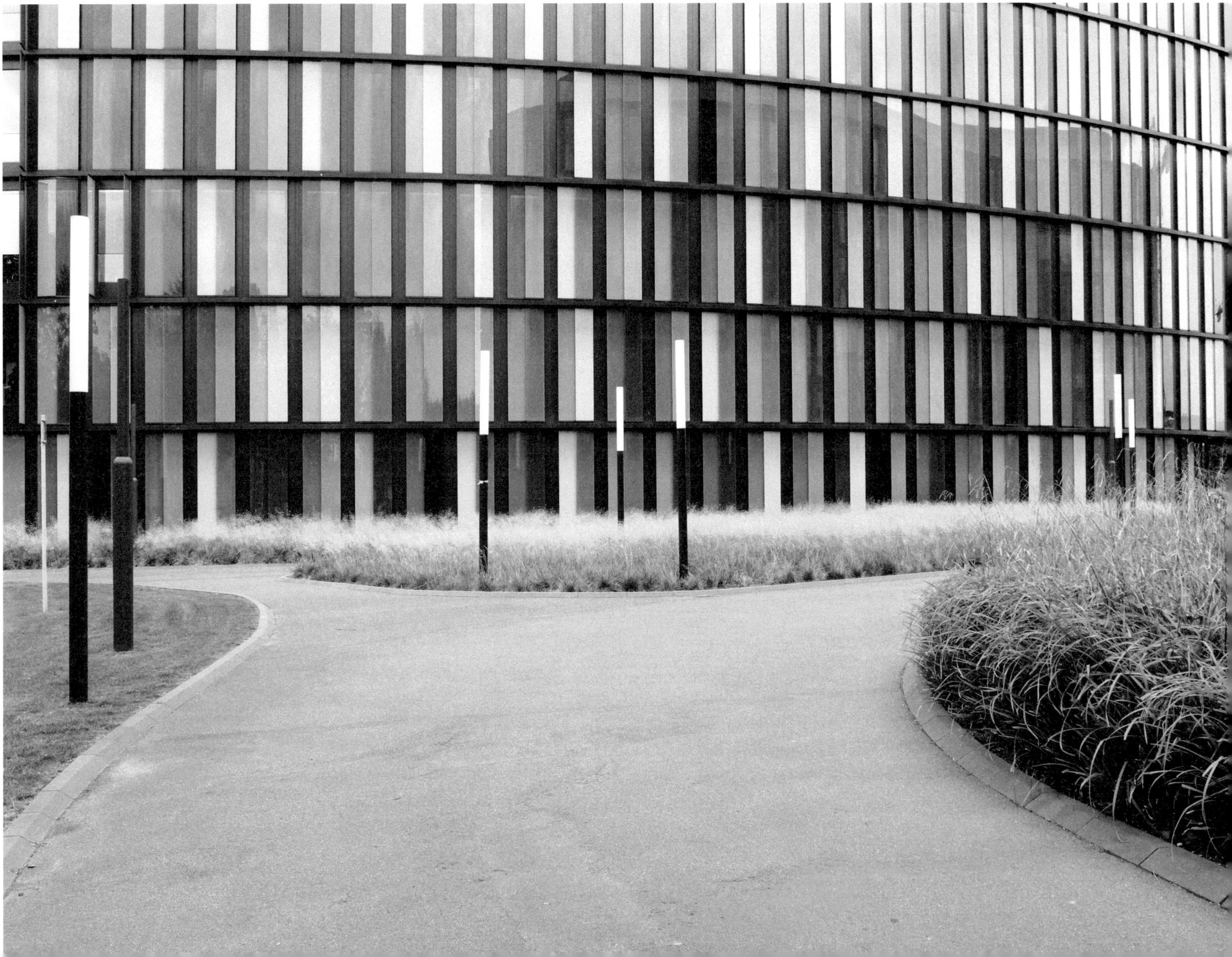

66 Bürogebäude
BDI, Cologne Oval Offices
Gustav-Heinmann-Ufer

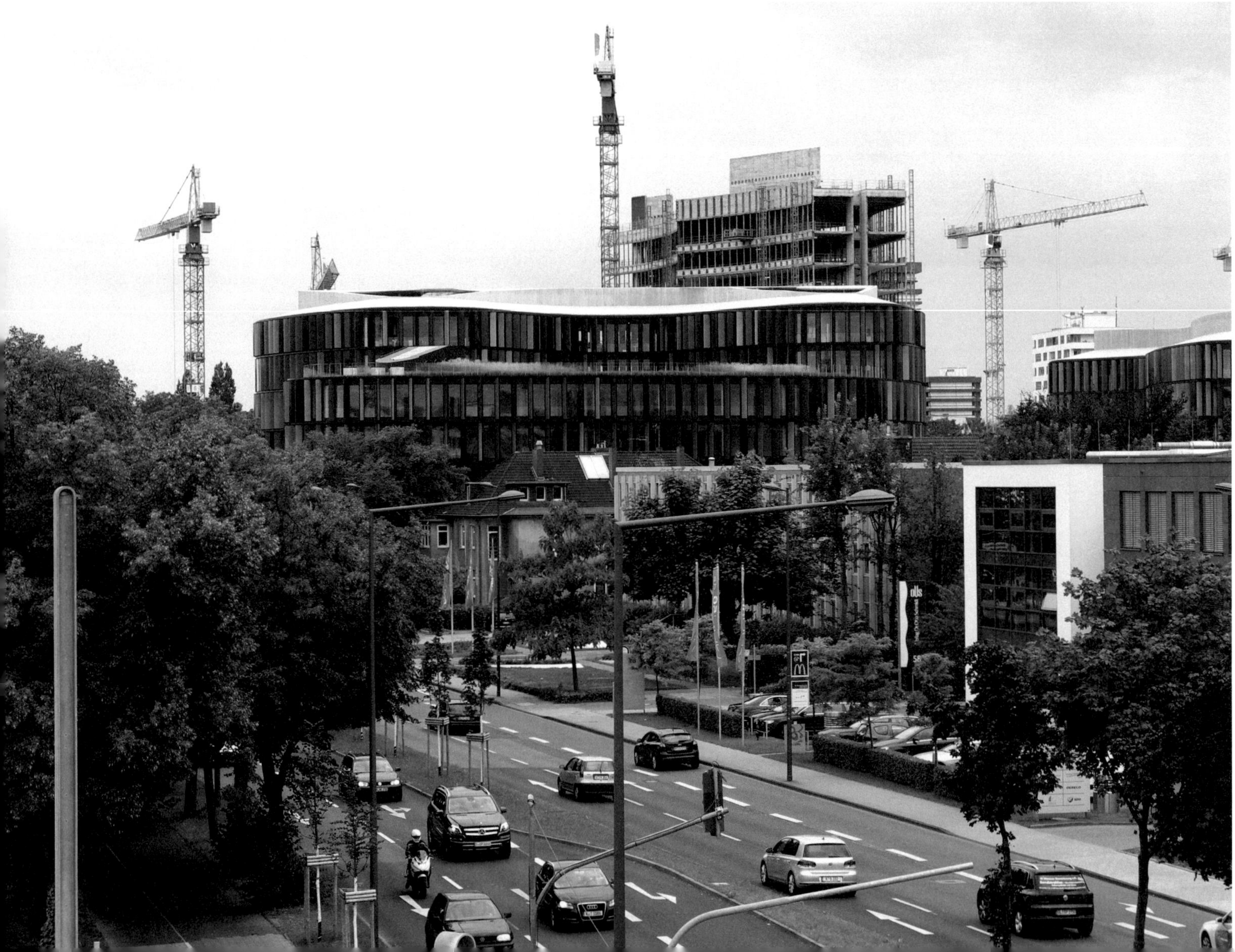

Arne Schmitt / Thorsten Krämer
Die neue Ungleichheit.
Ein Bildband entlang neoliberaler Architekturen
The New Inequality.
A photo book tracing neoliberal architectures

Konzeption / Concept,
Fotografie / Photography:
Arne Schmitt
Text / Text:
Thorsten Krämer
Gestaltung / Graphic design:
Timo Grimberg, ARC
Bildbearbeitung / Lithography:
Andreas Enrico Grunert
Übersetzung / Translation:
Isolda Mac Liam
Lektorat / Copyediting:
Jan Wenzel (dt.) / Simon Cowper (engl.)
Herstellung / Production:
DZA Druckerei zu Altenburg GmbH

Die Arbeit „Die neue Ungleichheit“
ist mit Hilfe des Dokumentarfotografie
Förderpreises der Wüstenrot Stiftung
entstanden.

Erschienen im Verlag / Published by
Spector Books
Harkortstraße 10
04107 Leipzig
mail@spectorbooks.com
www.spectorbooks.com

Vertrieb / Distribution
Deutschland, Österreich / Germany, Austria:
GVA, Gemeinsame Verlagsauslieferung
Göttingen GmbH&Co. KG,
www.gva-verlage.de
Schweiz / Switzerland:
AVA Verlagsauslieferung AG, www.ava.ch
Frankreich, Belgien / France, Belgium:
Interart Paris, www.interart.fr
Großbritannien / United Kingdom:
Central Books Ltd, www.centralbooks.com
USA, Kanada / USA, Canada:
RAM Publications+Distribution Inc.,
www.rampub.com
Australien, Neuseeland / Australia, New Zealand:
Perimeter Distribution,
www.perimeterdistribution.com
Andere Länder / Other countries:
Motto Distribution,
www.mottodistribution.com

1. Auflage / First edition

Printed in Germany
ISBN 978-3-95905-027-2